Karl Wacker

Adam Smith, der Begründer der modernen Nationalökonomie

Sein Leben und seine Schriften

Verone

Karl Wacker

Adam Smith, der Begründer der modernen Nationalökonomie
Sein Leben und seine Schriften

1st Edition | ISBN: 978-9-92500-063-0

Place of Publication: Nikosia, Cyprus

Erscheinungsjahr: 2015

TP Verone Publishing House Ltd.

Karl Walcker beschreibt in diesem im Original 1890 geschriebenen Buch das Leben und die Schriften Adam Smith und räumt dabei mit einigen Falschinformationen über sein Leben auf. Für Kenner Adam Smiths ein unverzichtbares Buch.

ADAM SMITH,

DER

BEGRÜNDER DER MODERNEN NATIONALÖKONOMIE.
SEIN LEBEN UND SEINE SCHRIFTEN.

VON

Dr. KARL WALCKER,

DOZENTEN DER STAATSWISSENSCHAFTEN AN DER UNIVERSI-
TÄT LEIPZIG.

Vorwort des Autors.

Adam Smith ist einer der berühmtesten Schriftsteller der Weltgeschichte. Er nimmt in der Geschichte der Nationalökonomie eine ähnliche Stellung ein, wie Kopernikus, Montesquieu, Lavoisier und Savigny auf ihren Gebieten. Er lebte nicht einem fernen Lande und Jahrhunderte, sondern in Westeuropa und im vorigen Jahrhundert. Trotzdem enthalten die hergebrachten Vorstellungen über sein Leben zahlreiche Irrtümer in betreff wichtiger Punkte. Schon sein Vater nahm eine viel angesehenere soziale Stellung ein, als man früher glaubte; und Smith verkehrte viel mit dem Adel und den Spitzen der Geschäftswelt. Der große Bankier Hope in Amsterdam lieferte ihm z. B. Daten. Smith sammelte die Materialien zu seinem reichhaltigen Werke über den Wohlstand der Völker hauptsächlich in London, nicht im kleinen Kirkcaldy. Er lebte 1764 bis 1778 von einem Jahrgelde des Herzogs von Buccleuch, der ihm auch 1778 eine höhere Zollbeamtenstelle in Edinburgh verschaffte, war übrigens von Hause aus nicht ohne Vermögen.

Durch die Lektüre der 1884 und 1887 erschienenen Schriften von Delatour und Haidane wurde ich zu einer erneuerten Durchsicht der Literatur über Smith's Leben angeregt. Ich fand dabei, dass eine solche Arbeit sehr mühsam und zeitraubend ist. Man muss große öffentliche Bibliotheken benutzen, viele englische, französische und deutsche Werke und Zeitschriften nachschlagen und sich manche, sogar in großen Bibliotheken häufig fehlende Bücher selbst kommen lassen. Ich habe daher den Versuch gemacht, eine neue Lebensgeschichte A. Smith's zu schreiben, welche die Hauptpunkte aller bis jetzt bekannten bezüglichen Materialien kurz und übersichtlich zusammenfasst.

Die häufig aufgeworfene Frage, wie viel Smith seinen Vorgängern verdankt, wird erst dann endgültig gelöst werden können, wenn jeder bedeutendere Vertreter des Merkantilsystems und des Physiokratismus monographisch mit Smith verglichen sein wird. Bis jetzt sind aber erst wenige Monographien dieser Art erschienen. Die persönlichen und literarischen Beziehungen Smith's zu seinen berühmten schottischen, englischen und französischen Zeitgenossen habe ich, soweit die Quellen reichen, sorgfältig festzustellen gesucht.

Smith's „Theorie der moralischen Gefühle" pflegt von Nationalökonomen, überhaupt von Staatsgelehrten, nur wenig, oder gar nicht berücksichtigt zu werden; obgleich sie mancherlei Interessantes enthält, z. B. eine treffende Widerlegung jener Irrlehre, die im 19. Jahrhundert unter dem Namen „ehernes

Lohngesetz" von Lassalle vertreten wurde. Ich habe daher im zweiten Kapitel der vorliegenden Schrift, auf Grund beider Hauptwerke Smith's, eine kurze, systematische, objektive, orientierende Übersicht seiner wirtschaftlichen und politischen Weltanschauung zu geben versucht. Smith war ein sehr vielseitiger Denker. Er erörtert bei der Lehre von den öffentlichen Ausgaben und bei anderen Gelegenheiten viele wichtige Probleme der Verfassungs-, Militär-, Sozial-, Finanz-, Kirchen- und Schul-Politik. Die Smith'schen Ausführungen sind daher für Gelehrte und Gebildete der verschiedensten Berufsklassen, wirtschaftlichen und politischen Richtungen von Interesse. Der größte Teil des Inhalts meiner Arbeit ist rein historisch, rein tatsächlich gehalten.

Auf eine Kritik der Smith'schen Lehren bin ich nur selten eingegangen, weil die sehr umfangreiche, von 1776 bis zum heutigen Tage erschienene volkswirtschaftliche Literatur zahlreiche, zum Teil treffliche kritische Ausführungen über die Smith'schen Lehren enthält (vgl. unten).

Leipzig, Ende April 1890.

Der Verfasser.

Erstes Kapitel

Die wichtigsten Schriften über das Leben A. Smith's sind folgende (von den Schriften über A. Smith's Werke ist weiter unten die Rede):

Dugald Stewart 's Collected Works, 11 Bände, neue Ausgabe, Edinburgh 1877. Ich zitiere stets nach dieser Ausgabe. Der 1753 geborene und 1828 verstorbene Verfasser war Professor der Mathematik, später der Philosophie in Edinburgh und hat Smith noch persönlich gekannt. Die Biographen des Letzteren pflegen nur den „Account of the Life and Writings of A. Smith" zu benutzen. Diese Abhandlung erschien zuerst 1793 in den „Transactions der Royal Society of Edinburgh", 1811 als Sonderschrift und steht im X. Bande der Works. Die übrigen Bände enthalten indes ebenfalls interessante Notizen über Smith's Leben (und Schriften), ja, die brauchbaren Register Band XI S. 348 — 352, 369 sind nicht einmal ganz vollständig. Daten über ungedruckte Manuskripte Smith's, Briefe und eine Abhandlung, findet man bei Burton, „Life of D. Hume" Band II 1846 S. 457, 490, in den sogleich zu erwähnenden „Untersuchungen" E. Leser's S. 9 und bei Zeyss, „Der Eigennutz bei A. Smith", 1889, S. 15, 16. Diese, vielleicht schon untergegangenen Manuskripte waren auch mir nicht zugänglich.

Walter Bagehot (der verstorbene Bankier und Redakteur des Londoner „Economist"), „A. Smith as a person" (Fortnightly Review New Series Band XX, 1876, abgedruckt in Bagehot's Biographical Studies, 1881).
J. A. Farrer, English Philosophers. A. Smith. 1881.
R. B. Haidane (Mitglied des Parlaments), Life of A. Smith 1887. Enthält weitere Literaturangaben und ist, trotz einzelnen Mängeln, sehr lesenswert.
E. Leser, Untersuchungen zur Geschichte der Nationalökonomie. 1881.
A. Delatour, A. Smith, Sa vie, ses travaux, ses doctrines. Ouvrage couronne par l'Academie des Scienes morales et politiques. Paris 1886.

Bagehot sagt, Smith scheine für die anglikanische Kirche bestimmt gewesen zu sein. Dugald Stewart stellt indes die von Bagehot halb und halb bezweifelte Tatsache als ganz sicher hin. Die anglikanische Kirche war und ist ferner in Schottland wenig vertreten. Ja, sie war daselbst im 18. Jahrhundert nach Burton nur geduldet. Es liegt daher nahe, anzunehmen, Smith sei der in Schottland geborene Sohn, oder Enkel eines Engländers gewesen. Trotzdem scheint diese Vermutung falsch zu sein; die Quellen enthalten keine einzige bezügliche Andeutung, und Cambridger Professoren betrachten, wie ich privatim erfahren habe, Smith's echt schottische Abkunft als zweifellos. Beiläufig bemerkt, stammten auch die Vorfahren Turgot's und Kant's aus Schottland.

Smith's Vater stammte aus Aberdeenshire und war Writer to the Signet. Dieser unübersetzbare Ausdruck bedeutet nach Haidane einen schottischen Rechtsanwalt niederer und höherer Art, solicitor und conveyancing counsel (Solicitor ist wohl gleichbedeutend mit attorney und conveyancing counsel mit barrister at law, beziehungsweise sergeant at law), der zugleich Vermögensverwalter (manager) großer Grundeigentümer ist. Es war daher natürlich, dass Smith's Vater seinen Beruf aufgab, um Privatsekretär des Earl of Loudoun zu werden, der Erster Staatssekretär und Großsiegelbewahrer für Schottland war. 1713 oder 1714 wurde er, ohne Zweifel durch den Einfluss seines Gönners, zum Zollkontrolleur in Kirkcaldy ernannt. 1707 bis 1723 war er auch Sekretär des Kriegsgerichts und Kriegsrats für Schottland. Er war nach Dugald Stewart ein Mann von mehr als gewöhnlichen Fähigkeiten. Kirkcaldy war schon im 18. Jahrhundert ein nicht unbedeutender Handelsplatz. In einem 1769 erschienenen Reisewerk über Großbritannien heißt es, Kirkcaldy habe einige im weitesten Sinne des Wortes bedeutende Kaufleute, Großhändler mit Korn u. s. w. (Dugald Stewart und E. Leser schreiben Kirkaldy, die Schreibart Kirkcaldy ist jedoch in England, bei Haidane und Anderen, wie in Deutschland üblicher, anscheinend auch richtiger. Daten über die neueste Statistik der Stadt findet man in Meyer's Konv.-Lex. 4. Aufl. Bd. IX.) Die Stadt scheint mir, volkswirtschaftlich betrachtet, eine Art Vorort von Edinburgh zu sein, da sie, der Hauptstadt gerade gegenüber, auf der anderen Seite des Firth of Forth liegt.

In dieser Stadt Kirkcaldy wurde Adam Smith am 5. Juni 1723 als einziges (Brother bei Haidane S. 35 ist ein Druckfehler für mother) Kind seiner Eltern, drei Monate nach dem Tode seines Vaters, geboren. Seine Mutter war eine geborene Douglas. 1726 wurde Smith bei Gelegenheit eines Besuches bei seinem mütterlichen Großvater in Strathenry von Zigeunern entführt, aber bald darauf von seinem Oheim Douglas in einem Walde, einige (englische) Meilen von Strathenry, wieder gefunden und befreit. Er besuchte die lateinische Schule seiner Vaterstadt, eine Schule, aus der mehrere hervorragende Männer, z. B. Dr. J. Oswald, anglikanischer Bischof von Dromore, später von Eaphoe in Irland, hervorgingen. Smith besaß eine zarte Gesundheit und zeigte schon als Knabe drei Eigenschaften seines Mannesalters, d. h. erregte durch sein starkes Gedächtnis, aber auch durch seine hochgradige, bis zur Geistesabwesenheit gehende Zerstreutheit und durch seine Neigung zu Selbstgesprächen Aufsehen. 1737 wurde er auf die Universität Glasgow gesandt, wo er bis zum Anfange des Jahres 1740 blieb, Mathematik und Philosophie studierte. Er hörte unter Anderen beim berühmten Philosophen Hutcheson. Ein Kaufmann Snell hatte im 17. Jahrhundert eine reiche Stiftung für Glasgower Studenten gemacht, welche das Balliol College in Oxford besuchen wollten. Als ein Stipendiat dieser Stiftung ging Smith

Anfang 1740 nach Oxford, wo er bis Ende 1746 blieb und eifrig griechische, römische, französische und italienische Dichter las. Auf dem Gebiete der Geometrie und der griechischen Sprache besaß er ausgezeichnete Kenntnisse. Ich habe dagegen in den Quellen keine Notiz darüber gefunden, dass Smith nationalökonomische und juristische, überhaupt Staats wissenschaftliche Vorlesungen gehört hat. Erst in Oxford wurde er ein großbritannischer Patriot. Vorher war seine Gefühlsweise spezifisch schottisch, so zu sagen partikularistisch. Nach Bagehot lernte Smith erst in Oxford Englisch, (Vergleiche schottischer und englischer Wörter findet man in Meyer's Konv.-Lex. 4. Aufl. Bd. V S. 660, 661) vorher sprach er ein breites Schottisch, welches sich zum Englischen ungefähr so verhält, wie das Plattdeutsche zum Hochdeutschen, und mit dem Gälischen der keltischen Hochschotten natürlich nicht zu verwechseln ist. Ja, Lord Mansfield und Bagehot behaupten sogar, die beiden berühmten Schotten D. Hume und A. Smith hätten es nie dazu gebracht, ein ganz korrektes Englisch zu schreiben. (vgl. Burton Bd. I S. 383 fr., Bd. II S. 238, 265, 281, 383, 403, 433, 450.) Es ist nach E. Leser höchst wahrscheinlich, dass Smith bereits 1740 als Oxforder Student durch Hutcheson mit D. Hume in Verbindung gesetzt wurde, der 1711 geboren war und aus einer alten Adelsfamilie stammte. (Vgl. Burton, Bd. I S. 1 ff.) In Oxford soll Smith von seinem Tutor einen Verweis erhalten haben, weil er bei der Lektüre der Hume 'schen Schrift über die menschliche Natur betroffen wurde. Jedenfalls hat er sich nicht dem Studium der Theologie zugewandt.

Ende 1746 bis Ende 1748 lebte Smith bei seiner Mutter in Kirkcaldy. Er scheint Vermögen besessen zu haben. (Vgl. Farrer S. 3. Leser, Untersuchungen S. 15.) Hume machte ihm wenigstens 1758 den Vorschlag, dem Inhaber einer Edinburgher Professur seine Stelle für ein Kapital von 1000 Pfund Sterling abzukaufen, worauf Smith nicht einging. Ende 1748 bis Ende 1751 lebte derselbe in Edinburgh, wo er ohne amtliche Stellung, aber unter dem Patronate des Lord Kames mit großem Beifall öffentliche Vorträge über Rhetorik und schöne Wissenschaften hielt. Diese Vorträge brachten Smith über 100 Pfund Sterling jährlich ein, wobei der damalige höhere Geldwert zu berücksichtigen ist. Henry Home, der spätere Lord Kames (vgl. A. Fräser Tytler of Woodhouselee, Memoirs of the life and writings of the honourable Henry Home of Kames, 2 Bde. 1806, 2. Aufl. 3 Bde. 1814. Dugald Stewart, Works, Bd. XI S. 304, 368. Das alphabet. Register zu Macculloch's Ausgabe des Smith'schen Wealth of Nations. E. Leser, Untersuch. S. 41. Delatour S. 6. Walcker, Handbuch der Nat.-Oek. Bd. II 1883 S. 78, 142, 143) war ein 1696 geborener, mit D. Hume befreundeter, ausgezeichneter Jurist, der als Gegner des Fideikommissinstituts und namentlich als Erfinder des s. g. schottischen Systems der Meliorationsentschädigungen der Pächter bekannt ist. Er war vielleicht, wie ich vermute, ein Verwandter D. Hume's. Die Familie des Letzteren schrieb sich auch Home. Noch D. Hume's Vater und Bruder schrieben sich Home. In dieser Zeit schloss Smith intime Freundschaften mit dem 1733 geborenen Alexander Wedderburn, der später Lordkanzler, d. h. Justizminister, von Großbritannien, Baron Loughborough und Earl of Rosslyn wurde, und mit William Johnstone (der Name wird auch, wahrscheinlich falsch, Johnston geschrieben. In England kommen beide Familiennamen vor) dem späteren Sir W. Pulteney, der mit D. Hume befreundet war. Pulteney saß später als Whig im Unterhause und tat daselbst 1797 den bekannten Ausspruch, A. Smith's Wealth of Nations werde die jetzige Generation überzeugen, die nächste beherrschen. Es ist nicht genau bekannt, wann die intime Freundschaft zwischen D. Hume und Smith begann, die bis zum Tode des Ersteren im Jahre 1776 währte. Ein vom 24. September 1752 datierter Brief Hume's an Smith zeigt indes, dass beide Korrespondenten schon damals auf dem Fuße großer Vertrautheit standen.

Anfang 1751 wurde Smith Professor der Logik, Ende 1751 (Dugald Stewart 's Jahreszahl 1752 ist nach Leser falsch) der Moralphilosophie in Glasgow. Sein Kursus zerfiel in vier Teile: 1) natürliche Theologie, 2) Ethik, 3) allgemeine Prinzipien der Jurisprudenz, 4) die Natur der politischen Institutionen. Vorlesungshefte Smith' s haben sich nicht erhalten. Aus den 1759 und 1776 veröffentlichten Hauptwerken des Verfassers kann man jedoch gewisse Schlüsse auf den Inhalt des zweiten und vierten Teiles der Vorlesungen ziehen. Smith sprach frei, er las seine erwähnten Hefte nicht ab, und war ein guter Redner, sobald er warm geworden, über den Anfang der Vorlesung hinausgekommen war. Viele Studenten kamen nur deshalb nach Glasgow, um Smith zu hören. Andererseits war er selbst ein Lernender. In Glasgow, welches schon damals eine bedeutende Industrie- und Handelsstadt war, gab es nach Bagehot einen von Cochrane begründeten, aus freihändlerischen Kaufleuten bestehenden Volkswirtschaftlichen Club, dessen Debatten Smith ähnlich viel Belehrung verdankte, wie später John Stuart Mill seinen Gesprächen mit den Direktoren der Ostindischen Kompanie.

Auch als Glasgower Professor verkehrte Smith, vermutlich in den Ferien, in der Edinburgher Gesellschaft. 1754 war in Edinburgh vom Maler Ramsay ein Club der Auserwählten (Select Club) begründet worden. (Vgl. Dugald Stewart, Works, Bd. X, S. 203 ff. (in der Biographie Robertson's). Leser S. 39 ff.) Zu den ursprünglichen 10 Mitgliedern gehörten D. Hume, der Historiker W. Robertson, Smith's erwähnte Freunde Wedderburn und Johnstone, A. Smith selbst, Sir D. Dalrymple und Andere. Zu den ausgezeichnetsten Rednern des Clubs gehörten Sir Gilbert Elliot, Wedderburn, Lord Kames, Lord Elibank, W. Robertson und Andere. Sir Charles Townsend, der später Smith's Reise nach dem Festlande ermöglichte, sprach nur ein Mal. Hume und Smith sollen nie (?) das Wort ergriffen haben, fungierten aber wiederholt als Präsidenten. Die Verhandlungsgegenstände betrafen sehr verschiedene Gebiete der Wissenschaften und des Lebens. Man sprach über Notenbanken, Ausfuhrprämien für Getreide und Leinenwaren, Fideikommisse, Beschränkungen des Branntweinverbrauches, die Frage der Union mit Irland, Findelhäuser, die Sklaverei, die Frauenfrage, den Einfluss klimatischer, moralischer und politischer Ursachen auf den Nationalcharakter, die Armenpolitik, die Frage, ob der Körnerbau (tillage), oder die Weiden (grass) auszudehnen seien, Cäsar's Ermordung durch Brutus, die Frage der Abschaffung der Bußbank der Kirche. Wedderburn schlug sogar das Thema vor: „Wäre das Gesetz der Königin Johanna von Neapel, welches öffentliche Häuser erlaubte, vorteilhaft für eine Nation?" Die Versammlung lehnte dies Thema indes ab. 1754 schlug Smith als Präsident die Erörterung folgender Fragen vor: 1) „Wäre eine allgemeine Naturalisation fremder Protestanten (of foreign Protestants) vorteilhaft (advantageous) für Britannien (Britain)?" 2) „Wären Ausfuhrprämien für Getreide für den Handel, die Industrie, wie auch den Ackerbau vorteilhaft?" 1754 kamen hie und da, z. B. in Frankreich und Polen, noch Protestanten Verfolgungen vor. Ludwig XV. schickte z. B. protestantische Prediger auf die Galeeren. Diese wenig bekannten Tatsachen waren Smith wahrscheinlich unbekannt. Meines Erachtens hatte Smith's Frage folgenden Sinn: Soll man reichen englischen Kaufleuten und Bankiers deutscher, holländischer, schweizerischer, vielleicht auch französischer Herkunft und protestantischer Konfession das englische Staatsbürgerrecht erteilen, damit sie in England bleiben, und nicht etwa mit ihren Reichtümern in ihre Heimat zurückkehren? Ein schweizerischer Bankier Thelusson erwarb sich im 18. Jahrhundert in London ein so großes Vermögen, dass das Parlament das fernere Anwachsen dieses Vermögens fürchtete. (Graf Soden, Nat.-Oek. Bd. I S. 270. Zachariä, 40 Bücher vom Staate Bd. IV 2. Aufl. S. 273. Fürst Pückler-Muskau, Briefe eines Verstorbenen Bd. IV 2. Aufl. S. 321. Roscher, Nat.-Oek. Bd. II § 106 Note 5) Die Weltfirma Baring wurde erst 1770 begründet. Es gab aber schon früher in England hervorragende deutsche Kaufleute, Gelehrte u. s. w. Schon die alten Geschäftsverbindungen mit den Hanseaten und die Thronbesteigung Georg's I., die Verbindung mit Hannover, trugen dazu bei. Man denke an Händel, Herschel und Andere. Smith wurde höchst wahrscheinlich durch J. Tucker, einen englischen Archidiakonus und namhaften Nationalökonomen von toryistischer Richtung, auf die Protestantenfrage gebracht. Nach Kautz schrieb Tucker bereits 1752 eine Schrift „On naturalization bill", und seine Abhandlung „The expediency of a law for the naturalization of foreign protestants" wurde sogar 1755 von Turgot unter dem Titel „Questions importantes sur le commerce" in's Französische übersetzt. (vgl. Ingram, Geschichte der Volkswirtschaftslehre, deutsch von Roschlau, 1890, S. 116.)

Der Select Club war nach Dugald Stewart's treffendem Ausdrucke so „fashionable", dass er 1759 133 Mitglieder aus den Kreisen der Nobility und Gentry, der Künstler, Gelehrten, besonders Juristen, der Geistlichen, Offiziere, Großhändler u.s.w. zählte. Der erwähnte Schriftsteller gibt eine vollständige Liste der 133 Namen. Zu den 7 kaufmännischen Mitgliedern gehörte John Coutts, der Vater des berühmten (vgl. Burton, Bd. I, S. 165 und den Art. Sir F. Burdett in Meyer's Konv.-Lex.) Bankiers Thomas Coutts. Er war 1744 Lord Provost von Edinburgh gewesen. Zu den namhaftesten Mitgliedern des Select Club gehörten A. Smith, A. Wedderburn, W. Johnstone, D. Hume, W. Robertson, Henry Home (Lord Kames), der Earl of Lauderdale (der Vater des bekannten Kritikers des Smith 'sehen Wealth of Nations), Adam Ferguson, der berühmte Historiker und Philosoph, ferner der Earl of Sutherland und Sir Charles Townsend. Ferguson schrieb bereits 1767 in seiner History of Civil Society (Buch III, Kap. 4), von A. Smith sei ein nationalökonomisches Werk zu erwarten, das von keinem Werke übertroffen werde, welches jemals über irgendeinen Gegenstand irgendeiner Wissenschaft veröffentlicht worden sei. Manche der ausgezeichnetsten Mitglieder des Select Club wurden in hohe Ämter nach London berufen, und das anfängliche wissenschaftliche Interesse erkaltete. Infolgedessen löste sich der Club 1760 oder 1761 auf. Der Zutritt war nicht Jedem gestattet gewesen. Wer dem Club beitreten wollte, musste sich einer Abstimmung unterwerfen.

Schon 1762 bildete sich in Edinburgh ein neuer Club, der Poker Club, (vgl. Burton, Bd. II, S. 83, 172, 456, 457. E. Leser, S.41, 42. Haidane, S. 23, 24, der übrigens einige unrichtige Angaben über die Clubs macht.) der als eine Art Fortsetzung des Select Club zu betrachten ist. Das Wort Poker hat mehrere Bedeutungen. In diesem Zusammenhange wird es von E. Leser, wohl richtig, mit Schüreisen übersetzt. Der Poker Club wünschte, dass auch Schottland, gleich England, eine Miliz haben sollte. Die Regierung wollte nämlich nicht darauf eingehen, weil das Andenken an den Stuart'schen Aufstand von 1746 noch frisch war. Zum neuen Club, der bis um die Mitte der 1780er Jahre bestand, gehörten verschiedene ehemalige Mitglieder des Select Club, darunter Hume, Lord Kames, A. Ferguson, W. Johnstone und A. Smith.

1759 (nicht 1757, wie einige Autoren angeben) erschien in London Smith's erstes Werk, die Theory of Moral Sentiments. Das Original wurde bis 1853 in den Jahren 1761, 1767, 1774, 1781, 1790 u. s. w. noch 13 Mal aufgelegt. Dabei ist ein Baseler Nachdruck von 1793 mitgerechnet. Eine französische, nach Smith mangelhafte Übersetzung wurde 1774 vom Abbe Blavet geliefert. Schon 1764 hatte Eidous eine französische Übersetzung geliefert. 1798 erschien eine neue Übersetzung von Sophie de Condorcet. 1770 erschien eine anonyme deutsche

Übersetzung in Braunschweig. Der Kosegarten'schen IJebersetzung, Leipzig, 1791, liegt die 6. Auflage des Originals, 1790, zu Grunde. Deutsche Urteile über die Theory findet man unter Anderem in Laspeyres' Artikel „A. Smith" im Deutschen Staatswörterbuch Band IX, S. 480, in Ueberweg's Grundriss der Geschichte der Philosophie, 7. Aufl., herausg. von Heinze, Teil III, 1888, in Jodl's Geschichte der Ethik Band I, 1882, und in E. v. Hartmann's Phänomenologie des sittlichen Bewusstseins , 1879, S. 106 - Goethe („Französ. Litteratur", Band XIII, S. 611 der Goedeke'schen fünfzehnbändigen Ausgabe der Werke) lobt die schottische Philosophie sehr, nennt aber Smith nicht speziell. In den älteren Auflagen der Theory sind der Herzog F. von Larochefoucauld und Mandeville (vgl. über beide Hasbach in Schmoller's Jahrbuch für Gesetzgebung u. s. w. 1890.) als Vertreter zügelloser Systeme nebeneinander gestellt. Ein Enkel des Herzogs beklagte sich darüber 1778 brieflich bei Smith, den er in Paris kennen gelernt hatte. Infolgedessen sind die Stellen über Larochefoucauld in der noch von Smith besorgten sechsten Auflage von 1790 wie in den späteren Auflagen fortgelassen worden und mir nicht zu Gesicht gekommen. Mir liegt die Edinburglier Ausgabe von 1813 vor.

Smith's Werk, welches bei Hume's Verleger Miliar erschien, fand reißenden Absatz und großen Beifall, unter Anderen bei E. Burke, dem berühmten Schriftsteller, Redner und Staatsmann, beim Herzog von Argyle, bei Lord Lyttelton, bei Lord Fitzmaurice, bei Sir Charles Townsend. Den drei erstgenannten Personen, sowie Horace Walpole, dem Staatsmanne und Nationalökonomen S. Jenyns hatte Hume Exemplare gesandt. Dieser Freund Smith's schrieb dem Autor 1759: „Drei Bischöfe erschienen gestern in Millars Laden, um Exemplare zu kaufen und Fragen in betreff des Verfassers zu stellen." Daraus darf man indes nicht schließen, dass Smith 1759 in der vornehmen Gesellschaft unbekannt gewesen sei. Schon die angeführten Daten über seinen Vater und über den 1754 begründeten Select Club beweisen das Gegenteil. Smith verkehrte schon in jungen Jahren mit der vornehmsten Gesellschaft. Aus einem 1763 von Hume an Smith gerichteten Briefe ersieht man z. B., dass Letzterer über den jungen Lord Beauchamp, einen Sohn des Marquis von Hertford, ein Urteil abgegeben hatte; dass Fitzmaurice, der zweite Sohn des Grafen Shelburne, sein Schüler war; dass er sich über Lord Shelburne tadelnd ausgesprochen hatte, obgleich der Lord günstig über Smith urteilte. Die Theory wurde in Paris unter Aufsicht des Barons Holbach übersetzt. Aus Paris ließ sich Smith 1766 in einem Briefe an Hume Horace Walpole empfehlen, den er in Paris kennen gelernt hatte. In derselben Stadt war Smith auch in ein Freundschaftsverhältnis zum Grafen Sarsfield getreten, (Leser, S. 18, 19, 26, 27) den er 1767 an Hume empfahl. Hume kannte den Grafen aber schon aus Paris.

Der erwähnte Sir Charles Townsend wurde 1725 geboren, war 1759 bereits Mitglied des Geheimrats, des Londoner Privy Council, wurde durch seine Heirat mit der verwitweten Herzogin von Buccleuch' (Der Name wird auch Buccleugh geschrieben. Ich folge der Schreibart des Gothaischen Hofkalenders, Haldane's u. A.) Stiefvater des jungen Herzogs dieses Namens und starb 1767. Er kannte Smith schon aus dem Select Club her. Hume bezeichnet ihn in seinem erwähnten Briefe von 1759 als einen Mann, der für den besten Kopf (cleverest fellow) in England galt. Ähnlich schrieb Hume 1762 an Miliar, er glaube, Townsend sei hochbegabt (a man of very great parts). Von Smith's Werk war Townsend so entzückt, dass er schon 1759 die Absicht äußerte, dem Verfasser die Erziehung des jungen Herzogs von Buccleuch zu übertragen. Hume ging zwei Mal in dieser Angelegenheit zu Townsend, traf ihn aber nicht zu Hause. Erst 1763 forderte Letzterer Smith auf, den Herzog auf einer Bildungsreise nach dem Festlande zu begleiten. Dieser, 1746 geborene und 1812 gestorbene Aristokrat, war einer der größten Grundeigentümer des Inselreiches, ja, er stammte sogar, durch den Herzog von Monmouth, seinen Ahnherrn, von Karl II. ab. Smith nahm die Aufforderung an und reiste im März 1764 mit dem Herzog zunächst nach Paris. Von dort aus verzichtete er auf seine einträgliche Professur. Er konnte das tun, weil ihm die Vormünder des Herzogs ein Jahrgeld, nach Bagehot von 200, nach Haidane von 300 Pf. St., bewilligten, welches solange zahlbar war, bis Smith, durch den großen Einfluss der herzoglichen Familie, ein entsprechend besoldetes Staatsamt bekäme. Bei der Geringfügigkeit jener Summe ist zu bedenken, dass Smith freie Reise hatte, dass er unverheiratet war, dass er, wie erwähnt, Privatvermögen besaß, und dass das Geld damals einen höheren Wert (vgl. auch Burton, Bd. II, S. 191) hatte, wie heute.

In Paris blieben die beiden Reisenden dies Mal nur 10 bis 12 Tage und gingen dann nach Toulouse, wo sie ungefähr bis zum September 1765 blieben. Dann machten sie eine recht weite Reise durch Südfrankreich nach Genf, wo sie 2 Monate blieben. Gegen Weihnacht 1765 kamen sie nach Paris, wo sie bis zum Oktober 1766 verweilten. Toulouse mochte deshalb für Smith von Interesse sein, weil daselbst 1762 der bekannte Justizmord an J. Calas verübt worden war. Er fand trotzdem in Toulouse Juristen, welche ihm bei seinem Studium der französischen Verwaltungseinrichtungen behilflich waren. Er sprach schlecht Französisch, konnte sich aber zur Not über nationalökonomische und andere Gegenstände unterhalten. Infolge Hume'scher (Vgl. über Hume 's vornehme Verbindungen in Paris, Burton Bd. II, S. 177, 178, 194, 195, 205) Empfehlungen, des Ranges des Herzogs von Buccleuch und des Erfolges der Theory of Moral Sentiments konnte Smith bei seinem zweiten Pariser Aufenthalte in den Kreisen der französischen Geburts- und Geistesaristokratie verkehren. 1763 hatte Hume den Grafen von Hertford als Gesandtschaftssekretär nach Paris begleitet, diese Stadt aber schon vor Smith' s Ankunft verlassen. Letzterer verkehrte 1766 mit Baron Holbach, Helvetius, Baron Turgot (Turgot, Baron de l'Aulne, dem Physiokraten und nachmaligen Minister), mit Quesnay, Necker, d'Alembert, dem Abbe Morellet und Anderen. Die drei erstgenannten Personen waren Freunde Hume's. Necker war bekanntlich ein Vertreter des Merkantilsystems, ein entschiedener Gegner der Physiokraten. Eousseau war 1766 in England, überwarf sich indes bald mit seinem Gönner Hume, der 1766 die Absicht hatte, dem Philosophen im Hause Sir Charles Townsends, 15 Meilen von London, einen Zufluchtsort zu eröffnen. (Townsend hatte damals nach Hume ein Einkommen von 4000 — 5000 Pfund Sterling). Voltaire, der in jener Zeit bei Genf lebte, scheint von A. Smith und dem Herzog von Buccleuch nicht besucht worden zu sein. Er hatte 1764 einen literarischen Streit mit Lord Kames gehabt, aber günstig über Hume geurteilt, und er nahm 1767 im Streit zwischen Hume und Rousseau gegen den Letzteren Partei. (Burton, Bd. II, S. 184, 195, 358, 859) Smith und der Herzog von Buccleuch machten von Toulouse aus einen Ausflug nach Bordeaux, scheinen aber Schloss Brede nicht besucht zu haben. Montesquieu war bereits 1755 gestorben. Smith verdankte dem Esprit des Lois viel Anregung. Der Pariser Moniteur universel behauptete sogar am 11. März 1790 nach Ingram, Smith bereite eine Kritik des Esprit Lois vor. Schon 1750 war in Edinburgh auf Hume's Veranlassung eine neue, vom Verfasser verbesserte und vermehrte Auflage des Esprit des Lois erschienen. Montesquieu richtete in den Jahren 1749 bis 1753 freundschaftliche Briefe an Hume. Letzterer wollte seinen Streit mit Rousseau an die Öffentlichkeit bringen, Smith riet ihm jedoch (vergeblich) davon ab. Die Sage, Smith und Turgot hätten einen wissenschaftlichen Briefwechsel geführt, ist unbegründet. Im Nachlasse Turgot's fanden sich 1781 nach Dugald Stewart keine Briefe von Smith vor, der nur mit Hume in intimerer und eingehender Weise korrespondiert zu haben scheint.

Nach der traditionellen Annahme hat Smith 1766 bis 1776 in voller Zurückgezogenheit in Kirkcaldy gelebt und seinen Wealth of Nations ausgearbeitet. Schon Dugald Stewart gibt indes an, dass Smith in jener Zeit einige Besuche in Edinburgh und London gemacht hat. 1776 reiste Smith nach Burton zu Lande von London nach Edinburgh; aber selbst wenn er früher den bequemeren Seeweg gewählt hätte, so wäre es töricht gewesen, kurzer Besuche wegen die weiten und beschwerlichen Reisen zu machen. E. Leser hat Folgendes nachgewiesen, beziehungsweise sehr wahrscheinlich gemacht. Frühestens im November 1766 reiste Smith nach Kirkcaldy zu seiner Mutter. Schon 1764 hatte er aus Toulouse an Hume geschrieben: „Ich habe angefangen, ein Buch zu schreiben ..." Es ist wohl unzweifelhaft, dass darunter der Wealth of Nations zu verstehen ist. In Kirkcaldy setzte Smith diese Arbeit vom Anfange des Jahres 1767 bis Anfang 1770 fort. Dann hielt er sich in London auf, wahrscheinlich nur wenige Monate.

Von 1771 bis zum April 1773 arbeitete er in Kirkcaldy, dann lebte er in London, wo Ende 1775 und Anfang 1776 das neue Werk gedruckt wurde. Es erschien wahrscheinlich im März 1776. Auch in London gehörte Smith einem Club an, er wurde am 1. Dezember 1775 in den „Literarischen Club" aufgenommen, der 1763 unter den Auspizien Dr. S. Johnson's und Sir J. Reynolds' begründet worden war. Zu den Mitgliedern des Clubs gehörten Dunning (später Lord Ashburnton), der Schauspieler und Dichter Garrick, Dr. Shipley (Bischof von Sankt Asaph) und Andere. Schon aus inneren Gründen ist die Leser'sche Darstellung sehr wahrscheinlich. Bereits Hume schrieb 1776, gleich nach dem Erscheinen des neuen Smith'schen Werkes an den Verfasser, dass es wahrscheinlich bei Smith's letztem Aufenthalte in London sehr verbessert, durch interessante tatsächliche Daten illustriert worden sei. (In demselben Schreiben spricht Hume die Vermutung: aus, Smith sei mit Gibbon persönlich bekannt (der mit Hume in Korrespondenz stand) Der Wealth of Nations enthält zahlreiche Notizen, die man nur in London, der damaligen und heutigen Hauptstadt des Welthandels, sammeln konnte. Der sogleich zu erwähnende Amsterdamer Bankier Hope dürfte nicht der Einzige gewesen sein, der Smith Materialien lieferte; denn Letzterer war nie Kaufmann; und sein Werk enthält so detaillierte Ausführungen über Notenbanken, Wechselreiterei, die verschiedenen Arten des auswärtigen Handels u. s. w., dass ein kaufmännischer Ursprung dieser Notizen kaum zu bezweifeln ist. Es war natürlich, dass Smith die Namen seiner Gewährsmänner, abgesehen von Hope, nicht angab, weil die Nennung ihrer Namen ihnen unerwünscht gewesen wäre. Im 18. Jahrhundert herrschte eine ziemlich weit gehende Scheu vor der Öffentlichkeit. (vgl. Roscher, Gesch. der Nat.-Oek. S. 586, 587) Selbst die Verhandlungen des englischen Parlaments waren nicht öffentlich. Smith war ferner ein extremer Gegner von Fußnoten, von Anmerkungen (Dugald Stewart, Works, Bd. X, S. 169, 173), obgleich er nicht umhin konnte, in seinem Wealth of Nations selbst eine Anzahl von Anmerkungen zu geben. Ja, er erwähnt den Merkantilisten Sir James Steuart nirgends, obgleich er den damals neuen Ausdruck Political Economy offenbar von Steuart entlehnt hat. (vgl. Feilbogen's Abh. „J. Steuart u. A. Smith" in der Tübinger „Zeitschr. für Staatswiss." 1889 n. W. Ciinningham's Abh. „A. Smith 11. die Merkantilisten" daselbst 1884. Ich vermute, dass der von Montesquieu bei Burton Bd. I, S. 456, 457 erwähnte „Stuart" u. „Stewart" mit Sir J. Steuart identisch war.) Der Titel des Smith'schen Werkes von 1776 macht den Eindruck einer Nachahmung des Titels der 1767 erschienenen zweibändigen Schrift Steuart's. Letztere führte den Titel: An Inquiry into the Principles of Political Economy. Ingram führt aus, Smith sei mit Steuart persönlich bekannt gewesen und habe ihn absichtlich nicht mit Namensnennung kritisiert, um nicht sein persönliches Verhältnis zu Steuart zu verderben. Diese Erklärung klingt sehr plausibel.

Smith's, ebenfalls zweibändiges Werk führt den Titel: An Inquiry into the Nature and Causes of the Wealth of Nations. Zu Lebzeiten des Verfassers, der sein Werk einem Sekretär in die Feder diktiert hatte, erschienen 1778, 1784, 1789 neue Auflagen. Die 3. Auflage enthält ein neues Kapitel, Buch IV, Kapitel 8, Schlussbetrachtungen über das Merkantilsystem, ferner Zusätze zu den Kapiteln über Rückzölle (drawbacks), über Prämien (bounties) und über die Ausgaben für das Staatsoberhaupt. Im Vorwort zur 4. unveränderten Auflage bemerkt Smith, dass er seine Notizen über die Amsterdamer Bank Henry Hope daselbst (dem damaligen Chef der weltberühmten, 1756 von zwei englischen Brüdern Hope, den Söhnen eines Pfarrers, begründeten Bankiersfirma) verdankt. In den Jahren 1791 bis 1884 erschienen, einschließlich eines Baseler Nachdruckes, noch 23 (oder mehr?) englische Ausgaben. Mir liegen die Macculloch'sche Ausgabe von 1850 und die Londoner Ausgabe von 1875 vor. Beide sind sehr klein gedruckt. Erstere enthält zwei Porträts Smith's. (Auch im Pariser Dictionnaire de l'economie politique findet man ein Porträt.) Der Wealth of Nations wurde in alle Kultursprachen übersetzt. Verzeichnisse dieser Übersetzungen und Kritiken derselben findet man in Laspeyres' Artikel A. Smith im Deutschen Staatswörterbuch, Band IX, 1865, und in meinem Handbuche der Nationalökonomie, Band V, 1. und 2. Aufl. 1884 und 1888. Laspeyres bezeichnete 1865 die Asher'sche Übersetzung, wohl nicht mit Unrecht, als die (damals) beste. Aber auch sie hat wesentliche Mängel. Smith spricht z. B. im 1. Kap. des I. Buches von der Dampfmaschine, steam engine. Asher macht daraus eine Feuerspritze! Unter den neueren Übersetzungen dürfte die Stöpel'-sche, 1878 erschienene, mit einem alphabetischen Sachregister versehene die relativ korrekteste sein. (Die eigenen, schutzzöllnerischen und halb sozialistischen Ansichten Stöpels kommen hier nicht in Betracht). Das im Titel des Originals vorkommende Wort wealth wird häufig falsch, mit Reichtum, richesse, übersetzt. Es muss aber mit Wohlstand wiedergegeben werden. (vgl. Marshall, The Economic of Industries. 1870, u. die Vierteljahrsschrift für Volkswirtschaft, 1880, Bd. I, S. 168.)

Smith bezeichnet sein Werk als eine Untersuchung. Der Plural Untersuchungen wäre jedoch viel richtiger. Der Abschnitt über die Staatsausgaben enthält sogar eingehende Ausführungen, die wohl in ein System der Politik, aber nicht der Finanzwissenschaft gehören. Diese Abschweifungen hängen damit zusammen, dass der Verfasser ursprünglich eine Geschichte der Zivilisation, der Kulturentwickelung des Menschen und der Menschheit zu schreiben beabsichtigte. Diese riesige Aufgabe überstieg natürlich seine Kräfte und die mangelhaften Vorarbeiten seiner Zeit. Smith's Plan erinnert sehr an Buckle's Geschichte der Zivilisation in England und an Quetelet's (Vgl. auch A. Held in Hildebrand's Jahrbüchern für Nat.-Oek. Bd. IX 1867.) Werk Über den Menschen und die Entwickelung seiner Fähigkeiten. Am Schlusse seiner Theorie der moralischen Gefühle spricht Smith die Absicht aus, ein kulturgeschichtlich gehaltenes, juristisch- politisch- volkswirtschaftliches Werk zu schreiben. Dasselbe, ein Seitenstück zu Montesquieu's Geist der Gesetze, E. v. Ihering's Zweck im Recht, Dahlmann's Politik und der letzten, dreibändigen, die Politik einschließenden Ausgabe von Bluntschli's Allgemeinem Staatsrecht, ist nie erschienen. Aus dem Wealth of Nations, der viele bezügliche Stellen enthält, ersieht man jedoch, wie Smith sich die Aufgabe dachte. Schon 1762 war er von der Universität Glasgow zum Ehrendoktor der Rechte gemacht worden. Die Abkürzung L. L. D. bedeutet Legum Doctor, Doctor of Laws. 1787 wurde Smith zum Lord Rektor derselben Universität gewählt.

Die Merkantilisten warfen dem Wealth of Nations unter anderem vor, er sei metaphysisch (!) gehalten. (Dugald Stewart, Works, Bd. I, S. 477) Trotzdem fand Smith's zweites Hauptwerk noch größeren Beifall wie sein erstes. Er lebte 1776 bis 1778 in der besten Gesellschaft Londons. 1776 wurde er von Lord Melville zu einem Diner eingeladen, an welchem Pitt der Jüngere, (D. Hume hasste Pitt den Aelteren, Burton, Bd. II, S. 420, 422) Grenville, Addington und andere Lords teilnahmen. Smith kam zu spät und entschuldigte sich. Die ganze Gesellschaft stand auf, und Pitt rief aus: „Wir alle wollen stehen, bis Sie sich gesetzt haben, denn wir sind alle Ihre Schüler." Pitt berief sich nach Haidane im Parlament drei Mal auf Smith, nämlich am 17. Februar 1792 in einer Debatte über Steuern, Industrie und Handel, ferner 1795 bei Bekämpfung eines Antrages auf staatliche Regelung der Löhne der ländlichen Arbeiter und 1800 bei Bekämpfung der Ansicht, dass der Staat auf ausländischen Märkten Korn einkaufen solle. Pitt wollte diese Funktion dem privaten Kornhandel überlassen. Auch der englisch - französische Handelsvertrag von 1786 war ein Sieg Smith'scher Ideen. Nach dem übereinstimmenden Urteile Disraeli's (des nachmaligen Grafen Beaconsfield), Cobden's und J. Morley's wurde Pitt, trotz seinen freihändlerischen Neigungen, von der Aristokratie, besonders zurzeit der französischen Revolution, zu einer schutzzöllnerischen Politik genötigt. Damit soll übrigens nicht geleugnet werden, dass auch in den mittleren und unteren Klassen bis in die 1820er, 1830er und 1840er Jahre hinein schutzzöllnerische Ideen weit überwogen. (Vgl. auch die interessanten Notizen Dugald Stewart 's „Works, Band X, S. 87.)

1778 wurde Smith durch die Protektion des Herzogs von Buccleuch zu einem höheren Zollbeamten, zu einem der Commissioners of Customs, in Edinburgh ernannt. Dies gut besoldete Amt ließ ihm viel Muße; trotzdem hat er, wohl infolge seiner Kränklichkeit, nichts mehr geschrieben. Verheiratet war er nie, obgleich er einmal verliebt war. Seine Geliebte scheint ihm einen Korb gegeben zu haben. 1776 verlor er seinen besten Freund D. Hume, 1784 und 1788 seine

Mutter und seine Base Miss Douglas durch den Tod. Die beiden Letzteren hatten ihm die Wirtschaft geführt. Am 17. Juli 1790 starb er selbst, 67 Jahre alt, an einem Unterleibsleiden, einer „Obstruktion der Eingeweide". Sein Vetter Douglas, ein Jurist, der später unter dem Namen Lord Reston Senator of the College of Justice wurde, war der Erbe seiner geringen Hinterlassenschaft, zu der eine kleine, aber gewählte Bibliothek gehörte. Erst nach Smith's Tode erfuhren seine Freunde, dass er einen verhältnismäßig großen Teil seiner Mittel zu Werken der Wohltätigkeit verwandt hatte. Auch aus diesem Grunde ist es traurig, dass der deutsche Nationalökonom A. v. Studnitz 1876 das Grab des berühmten Mannes bei Edinburgh in einem sehr vernachlässigten Zustande vorfand. Hoffentlich ist seit dem 100jährigen Geburtstage Smith's, der in der ganzen gebildeten Welt gefeiert wurde, etwas für das Grab getan worden. Die Studnitz'sche Schilderung erschien in der Berliner „Gegenwart" am 26. Februar 1876 und ist auch im angeführten Delatour'schen Werke zu finden. Es ist auffallend, dass Smith's sterbliche Überreste nicht später in der nationalen Ruhmeshalle, in der Westminsterabtei zu London, einen Platz fanden.

Smith nahm seinen Freunden 1790 das Versprechen ab, nach seinem Tode den größten Teil seiner Manuskripte zu verbrennen. Einige Tage darauf bat er einen Freund, die Verbrennung sogleich vorzunehmen, was auch geschah. Schon 1773 hatte Smith an Hume geschrieben und ihn gebeten, den größten, genau bezeichneten Teil der Smith 'sehen Manuskripte ungelesen (without any examination) zu verbrennen. Hume starb aber, wie erwähnt, 14 Jahre vor seinem Freunde, im Jahre 1776, obgleich er das Erscheinen des Wealth of Nations noch erlebte. Smith wollte also nicht einmal seinem besten Freunde einen Einblick in jene Manuskripte gestatten. Die Gründe, welche ihn zu diesem eigentümlichen Verhalten bewogen, werden wohl nie mit Sicherheit festgestellt werden können. Jedenfalls ist die F. List'sche, schon von Roscher (Geschichte der Nationalökonomik, 1874, S. 974. — Vgl. auch Dugald Stewart, Works, Bd. X, S. 74 ff.) mit scharfen Worten zurückgewiesene Erklärung sinnlos. List gibt nämlich zu verstehen, Smith habe seine freihändlerischen Ansichten nur geheuchelt, vielleicht veranlasst durch seine Stellung als englischer Zollbeamter. Abgesehen von vielen anderen Gründen, ist die List'sche Verleumdung schon deshalb unlogisch, weil Smith nicht in objektiver, geschweige denn in optimistischer Weise über die Aussichten des Freihandels in England und in der übrigen Welt spricht. Er sagt z. B. im Wealth of Nations, Buch IV, Kapitel 2, es sei ebenso absurd, zu erwarten, die Freiheit des Handels werde jemals völlig in Großbritannien wiederhergestellt werden, wie zu erwarten, dass daselbst jemals ein Oceana, oder ein Utopien begründet werden werde. Oceana war der Titel eines 1656 von J. Harrington erschienenen Werkes, welches nicht einmal so weit ging, wie Th. Morus' Utopia. Der enormen Übertreibung Smith's lag übrigens ein kleines

Körnlein Wahrheit zu Grunde. Noch heute hat England einen niedrigen Spiritus-schutzzoll; und schleswig-holsteinische Landwirte, welche Vieh nach England ausführen, behaupten, wohl nicht mit Unrecht, manche englische, angeblich veterinärpolizeiliche Vieheinfuhrverbote hätten eine kryptoschutzzöllnerische Tendenz.

Meines Erachtens handelte Smith unter dem Einflüsse einer krankhaften, selbstquälerischen, hypochondrischen Verstimmung. Der Spleen war und ist ja in England nur zu häufig. Ähnlich vernichtete Oberst Stewart, der in Ostindien einen Sonnenstich erhalten hatte, in krankhafter Stimmung interessante Tage-bücher seines Vaters Dugald Stewart. (Vgl. dessen Works, Bd. X, S. III)

Die wenigen Manuskripte Smith's, welche 1790 nicht verbrannt wurden, be-handeln natur-, sprach- und schön-wissenschaftliche Gegenstände. Sie wurden 1795 von Black und Hutton besonders und 1811/12 in der fünfbändigen Dugald Stewart'schen Ausgabe der Works of A. Smith veröffentlicht. Sie bieten kein staatswissenschaftliches Interesse dar.

Zweites Kapitel.

Die Grundideen der beiden Hauptwerke Smith's, der „Theorie der moralischen Gefühle" und der „Untersuchung über das Wesen und die Ursachen des Wohlstandes der Völker".

Buckle behauptet, Smith habe in seiner Theory of Moral Sentiments Alles ebenso einseitig auf die sympathy zurückgeführt, wie in seinem Wealth of Nations auf das selfinterest. Ein so unwissenschaftliches und pedantisches Verfahren lag dem großen Schotten indes fern. Er spricht an vielen Stellen beider Werke von egoistischen und nichtegoistischen (oder wie man heutzutage sagt, „altruistischen") Motiven der Individuen und Klassen. Die Theory beginnt z. B. mit den Worten: „How selfish soever man may be supposed" u. s. w. Beide Werke bilden nur insofern einen Gegensatz, als der Verfasser in den für seine Entwickelung so wichtigen 17 Jahren 1759 bis 1776 so manche Wahrheit zugelernt und so manchen Irrtum ganz, oder teilweise aufgegeben hat. Beide Werke können und müssen daher als Hauptquellen für die philosophische, religiöse, wirtschaftliche und politische Weltanschauung Smith's benutzt werden.

Der Grundgedanke der Theory of Moral Sentiments lässt sich folgendermaßen formulieren: Sittlich ist, was sich der sympathy, der Billigung, der moralisch-intellektuellen Zustimmung', eines unparteiischen Zuschauers erfreut. Trotz der Berücksichtigung, welche die Verschiedenheiten der Individuen, Klassen, Völker und Zeiten in der Theory finden, ist jener Grundgedanke doch subjektivistisch, unhistorisch, schief. Der Kürze halber seien nur folgende Gegengründe angeführt. Verschiedene Berufsklassen, z. B. Offiziere, Kaufleute, Bauern, haben wesentlich verschiedene Ehrbegriffe, wie R. V. Ihering in seinem „Kampf um's Recht" treffend ausführt. Ein uninteressiertes Urteil ist ferner noch nicht von selbst ein objektiv gerechtes. Die ehemaligen Ketzer- und Hexenverbrennungen wurden von den meisten Zeitgenossen gebilligt. Der Begriff des Sittlichen verändert sich ferner mit der Kultur. Die Sklaverei wäre in einem modernen Staate etwas Unsittliches, aber sie war einst ein Sittlichkeitsfortschritt gegenüber der Tötung, wohl gar Verzehrung, der Kriegsgefangenen und der Arbeitsscheu der Barbaren. Eine dem Geiste und den Resultaten der historischen Schule des Rechtes und der Nationalökonomie Rechnung tragende Definition des Begriffes sittlich muss meines Erachtens etwa lauten: Sittlich ist, was dem objektiven, so zu sagen providentiellen Berufe der Individuen, Völker, Zeitalter und der Menschheit entspricht. Der Ausdruck Völker bezieht sich natürlich auch auf die sozialen, politischen und lokalen Zwischenglieder zwischen dem Individuum und dem Staate, die Familien, Klassen, Genossenschaften, Vereine, Parteien, Gemeinden, Nationalitäten, Konfessionen u. s. w.

Ein wahrer Gemeinplatz besagt, kein Philosoph sei ganz konsequent, und Smith trachtete gar nicht nach dem Ruhme einer möglichst weit gehenden Konsequenz. Sehr charakteristisch ist in dieser Beziehung, was er in der Theory Teil VI Sekt. 2 über das Wesen der Tugend sagt. Er warnt, im Anschluss an Cicero, Plato und Solon, vor zwangsweise durchgeführten Reformen, polemisiert gegen den „ Systemskopf (man of System) und, ohne nähere Bezeichnung der von ihm gemeinten Fürsten und Länder, gegen kaiserliche und königliche Reformfreunde, welche die Autorität des Adels einschränken, die Privilegien der Städte und Provinzen aufheben. Solche, von Einseitigkeit und Übertreibung nicht freie Ausführungen sollte man bei einem Manne wie Smith gar nicht erwarten. Trotz solchen und ähnlichen, wirklichen und scheinbaren Selbstwidersprüchen Smith 's ist es möglich und notwendig, die leitenden Ideen, gleichsam die roten Fäden, seiner beiden Hauptwerke in systematischer Reihenfolge darzulegen.

In philosophisch-religiöser Beziehung steht Smith auf dem Boden der Aufklärung des 18. Jahrhunderts, aber nicht in deistischer, oder gar materialistischer, sondern in theistischer Weise. Im Wealth of Nations V, 1, 3, 3 zitiert er eine längere, volkswirtschaftlich-kirchenpolitische Ausführung eines ungenannten Schriftstellers, den er als den „bei weitem berühmtesten Philosophen und Historiker unserer Zeit" bezeichnet. Macculloch gibt so manche entbehrliche Anmerkung, führt aber hier keinen Namen an. Haidane hat höchst wahrscheinlich Recht, wenn er die Stelle auf Hume bezieht. Voltaire ist schwerlich gemeint. Daraus darf man jedoch nicht schließen, dass ein so selbständiger Denker wie Smith alle Ansichten Hume's teilte. Er war z. B. infolge
seiner Oxforder Studienjahre viel englischer, nationaler gesinnt, wie Hume, der sich mehr als Schotten fühlte. Andererseits bestreitet Hume in seinem vom 1. April 1776 datierten Schreiben an Smith verschiedene Stellen des Wealth of Nations. Von den Stoikern spricht Smith in seiner Theory wiederholt mit der größten Anerkennung, obgleich er die Selbstmordideen eines Teiles dieser Philosophen nicht billigt. Märtyrerstandhaftigkeit gegenüber Folterqualen wird in der Theory, unter Hinweis auf Indianer, Neger und andere Wilde, in einer fast geschmacklos zu nennenden Weise nicht weniger als 9 Mal empfohlen. In der Ausgabe von 1813 stehen diese Stellen auf 13 verschiedenen Druckseiten.

Im Wealth of Nations V, 1, 3, 2 heisst es: «... a coward, a man incapable of defending or of revenging himself ..." Der Ausdruck revenging könnte so ausgelegt werden, als ob Smith ein grundsätzlicher Freund des Zweikampfes sei.

Die Rationalisten des 18. Jahrhunderts, zu denen der Verfasser gehörte, dürften jedoch, ihrer ganzen Weltanschauung entsprechend, ausnahmslos entschiedene Gegner des Zweikampfes gewesen sein. Der Ausdruck revenging bezieht sich wohl auf eine schneidige Abwehr (vgl. die Parallelstellen bei R. v. Ihering, Kampf um's Recht, S. 92, 93 und Walcker, Theorie der Pressfreiheit, 1889, S. 38, 90.) physischer, antikritischer, gerichtlicher, oder politischer Art. Ähnlich hebt Smith in der Theory (gegen die Quäker) hervor, dass die Stelle von der rechten und linken Backe, Evang. Matth. 5, 39, nicht wörtlich ausgelegt werden darf.

Im Wealth V, 1, 3, 3 wird ausgeführt, dass die unteren Klassen gewöhnlich einem strengeren Moralsystem huldigen, wie die höheren Klassen, „people of fashion". Darin liegt etwas Wahres, obgleich auch R. v. Mohl Recht hat, wenn er, ohne Beziehung auf A. Smith, bemerkt, es sei ein Vorteil für einen Staatsmann von guter Herkunft zu sein; denn ein Sohn eines kleinen Mannes sehe häufig, dass seine Eltern kein Bedenken tragen, im täglichen Leben kleine Unredlichkeiten und Gemeinheiten zu begehen. Denselben Gedanken hat H. V. Treitschke treffend gegen die Sozialisten geltend gemacht. Andererseits bekämpft Smith, V, 1, 3, 2 in entschiedener Weise die asketische Moral der Scholastiker.

In demselben Werke, V, 1, 3, 3 wünscht Smith eine aufgeklärte Religion (vgl. über ähnliche Äußerungen des Lord Herbert of Cherbury und anderer Walcker, Politik der konstitutionellen Staaten, 1890, das Autorenregister unter „Herbert".), „pure and rational religion, free from every mixture of absurdity, imposture, or fanaticism." Wie das gemeint ist, ersieht man namentlich aus der Theory, in welcher der Glaube an Folgendes vertreten wird: an Gott und die Vorsehung, I, 2, 3; II, 2, 3; III, 2; III, 5; VI, 2, 2; an ein jenseitiges Gericht, an die Belohnung der Guten und Bestrafung der Bösen II, 3, 1; III, 2. An einer anderen Stelle, III, 3, wird davor gewarnt, Gott menschliche Leidenschaften zuzuschreiben. Der Frömmigkeit wird, III, 6, nachgerühmt, dass sie das Gefühl der sittlichen Pflicht noch stärkt.

Der Vollständigkeit wegen sei noch Folgendes angeführt. Smith schrieb 1776 nach dem Tode R Hume's an dessen Verleger Strahan einen Brief über die letzten Stunden des berühmten Philosophen. Dieser Brief wurde veröffentlicht, und der Bischof von Norwich, Dr. Home, beschuldigte darauf Hume und sogar Smith in sehr groben Worten des Atheismus (!). Smith hielt es mit Recht unter seiner Würde auf einen solchen Angriff zu antworten. Hume bat 1776 Smith, sein Manuskript „Dialoge über die natürliche Religion" posthum herauszugeben. Smith trug aber Bedenken, das zu tun. Das Manuskript wurde erst 1779 von einem Neffen Hume's herausgegeben und 1781 von Schreiter in's Deutsche übersetzt.

Smith's kirchen- und schulpolitische Ansichten sind namentlich aus dem Wealth V, 1, 3, 3 und V, 1, 3, 2 zu ersehen. Er gehörte selbst zur presbyterianischen Kirche und erklärt den größten Teil der Geistlichen Hollands, Genf, der (übrigen) Schweiz und Schottlands für den in jeder Beziehung höchst stehenden Teil der Geistlichkeit Europas. Wenn Smith hier von Deutschland und den skandinavischen Staaten gar nicht spricht, so erklärt sich das aus seiner Unkenntnis der deutschen Sprache. Verschiedene Stellen seiner Schriften zeigen, dass ihm sogar die wirtschaftlichen und politischen Zustände Deutschlands, die damals freilich verworren und unerquicklich genug waren, nur sehr wenig bekannt waren. Hume reiste 1748 durch Deutschland nach Wien und urteilte günstig über die Deutschen. (Burton, Bd. I, S. 269. Vgl. indes Bd. II, S. 497)

Der richtige Gedanke, dass die Konkurrenz verschiedener Konfessionen und Lehranstalten ihre Lichtseiten hat, wird von Smith in doktrinärer, ja, zum Teil philiströser, unstaatsmännischer Weise stark übertrieben. Er übersieht sogar, dass eine allzu große Zahl von Sekten, Gotteshäusern, Geistlichen, Schulen und Lehrern schon in rein wirtschaftlicher Beziehung eine Verschwendung bedeutet. In der englischen Staatskirche ergänzen sich, in konkurrierender Weise, die hoch-, nieder- und breitkirchliche Richtung; und in der preußischen, unierten, lutherisch-reformierten Landeskirche gibt es ebenfalls drei Richtungen, die Rechte, die Mittelpartei und die Linke. An solche Möglichkeiten denkt Smith kaum.

Es ist auch unrichtig und ungerecht, dass Smith die verschiedenen Richtungen innerhalb des Katholizismus fast gar nicht unterscheidet, als ob Pascal, Colbert und Joseph II. dasselbe gewollt hätten wie Philipp II., Ludwig XIV. und Ferdinand II. In der Theory, VII, 4, polemisiert Smith gegen die Ohrenbeichte, und im Wealth, V, 1, 3, 3, prophezeit er sogar, die römische Kirche werde in wenigen Jahrhunderten untergehen. Ein älterer, katholischer Zeitgenosse Smith's, nämlich Montesquieu (vgl. die Lettres persanes, den 117. Brief), von dem Smith diese Idee vielleicht entlehnt hat, meint, der Katholizismus könne nicht mehr 500 Jahre existieren. Ein jüngerer Zeitgenosse Smith's, nämlich Goethe, äußerte sich 1832 gegen Eckermann in ähnlicher, aber weniger bestimmter Weise. (Gespräche u. s. w. Bd. III, S. 256) Schließlich ist hervorzuheben, dass Smith sich schon 1776 im Wealth of Nations für die Union Irlands mit Großbritannien und die Katholikenemanzipation aussprach (V, 2, 2, 4; V, 3). Smith's Äußerungen über die irländische Wirtschaftsgeschichte zeigen übrigens, dass er über die systematische Unterdrückung der irländischen Industrie und Landwirtschaft durch die englische, brotneidische Gesetzgebung des 17. und 18. Jahrhunderts nur unvollkommen unterrichtet war. Bei verschiedenen neueren Schriftstellern des Inselreiches und anderer Länder finden sich viel exaktere und vollständigere Daten über diesen Gegenstand. (Vgl. die Litteraturangaben bei Walcker, Grundriss der Statistik, 1889, S. 200, 201)

Wenn man die volkswirtschaftlichen und politischen Ausführungen Smith 's kritisch betrachtet, so stößt man auf verschiedene Stellen, welche daran erinnern, wie sehr sich die Zustände der Welt seit 1776 verändert haben. Er spricht nur ein Mal, ganz beiläufig (Wealth, I, 1), von der Dampfmaschine. Er meint (I, 11, 3, Effects of the Progress u. s. w.), die Technik der Textilindustrie, clothing manufacture, habe seit 100 Jahren nur unbedeutende Fortschritte gemacht. Ja, er erwähnt nirgends die Baumwollindustrie, welche schon lange vor 1776 in England eine nicht unbedeutende Rolle spielte. (Vgl. die bei Walcker, Schutzzölle, laissez faire und Freihandel, 1880, S. 106, 107, 808, 809 angeführten Daten Fawcett 's u. Roscher's) Smith (IV, 7, 3) plädiert für die Vertretung der Kolonien im Parlament und für die dereinstige Verlegung des Regierungssitzes nach Amerika. Ersteres erinnert an ähnliche, schwerlich zukunftsreiche Ideen der Gegenwart, letzteres ist in anderer Weise eingetreten, als Smith erwartete, d. h. der Schwerpunkt der Macht innerhalb der angelsächsischen Welt liegt heutzutage in den unabhängigen Vereinigten Staaten (vgl. auch Burton, Bd. II, S. 483), nicht in England. Smith (V, 1, 2) leugnet merkwürdiger Weise, dass es in irgendeinem Lande und Zeitalter eine Aristokratie gegeben habe, die eine Aristokratie des Geistes und Ranges zugleich gewesen sei. Die von Voltaire so gepriesenen Verhältnisse China's scheinen Smith unbekannt gewesen zu sein. Er hat auch nicht an so manche niedrig geborene Bischöfe und Päpste, an die deutsche Gelehrten- und Beamtenaristokratie gedacht. An einer anderen Stelle (Theory, I, 3, 2) meint Smith dagegen, die höchsten Beamten stammten in allen Staaten, selbst in Monarchien, gewöhnlich (?) aus den mittleren, oder unteren Klassen. Er hätte auch an das, angeblich auf Leibnitz's Rat eingeführte russische Tschinwesen erinnern können. In derselben Schrift (VI, 2, 2) nimmt Smith an, Frankreichs Bevölkerung sei fast drei Mal so zahlreich wie die Bevölkerung Großbritanniens. So unsicher die bevölkerungsstatistischen Schätzungen jener Zeit auch sind, so scheint Smith doch die Bevölkerungszahl Frankreichs enorm überschätzt zu haben.

Von Preußen und dem übrigen Deutschland ist bei Smith sehr wenig die Rede, hauptsächlich bei der Lehre von der Grundsteuer. Bei der Aufzählung der viel und wenig Industrie und Handel treibenden Residenzen (Wealth, II, 3) wird Berlin nicht erwähnt, obgleich von Lissabon und Kopenhagen die Rede ist. Smith

(V, 1, 3, 3) behauptet mit Recht, die meisten ausgezeichneten Gelehrten Deutschlands und anderer protestantischer Länder seien Universitätsprofessoren; aber er nimmt mit Unrecht an, dass die Universitäten auch in protestantischen Gegenden dem Kirchendienst die besten Köpfe entziehen. Selbst für katholische Gegenden war und ist dieser Satz nur mit sehr vielen und bedeutsamen Ausnahmen zuzugeben.

Viele Einrichtungen Englands, der Kolonien und des Festlandes, die von Smith bekämpft werden, sind längst beseitigt worden. Zahlreiche andere Stellen erinnern dagegen an Erscheinungen der jüngsten Vergangenheit und der Gegenwart. Er spricht z. B. bereits von Kartellen, obgleich ihm die heutigen technischen Ausdrücke für dieselben fremd sind. (Die Engländer sagen nach Bagehot rigs, rings, syndicates, pools, während die Amerikaner gewöhnlich trusts sagen). Smith (IV, 5) konstatiert schon, dass unter der Herrschaft des Merkantilsystems von Fabrikantenvereinen private Ausführprämien gezahlt werden, um die Preise der betreffenden Waren im Inlande hoch zu halten.

Es ist unleugbar und aus dem Wealth of Nations selbst zu ersehen, dass Smith den Physiokraten gewisse Anregungen und Belehrungen verdankt. Dieser Einfluss der Physiokraten auf Smith ist aber häufig und stark übertrieben worden.

Bei Delatour tritt das wohlgemeinte, halb unbewusste, aber doch unwissenschaftliche Bestreben deutlich hervor, den Anteil der Physiokraten, d. h. Frankreichs, an der Begründung der modernen Nationalökonomie möglichst hoch zu schrauben. Er übersieht dabei unter anderem, dass die Ideen des Freihandels, überhaupt der wirtschaftlichen Freiheit, viel älter sind, als der Physiokratismus. Solche Ideen finden sich z. B., trotz gewissen Inkonsequenzen, bereits bei Colbert. (Vgl. Roscher, Gesch. der Nat.-Ök. 1874 S. 229. H. v. Mangoldt im Deutschen Staatswört. Bd. II. G. Cohn in der Zeitschr. für Staatswiss. 1869.)

Einige andere Schriftsteller werden durch ihre extrem schutzzöllnerische Richtung dazu verleitet, Smith als einen ziemlich unselbständigen und unbedeutenden Nachbeter der Physiokraten hinzustellen. Diese Behauptung ist unhistorisch, unwissenschaftlich. Auch eine bekannte Äußerung Dugald Stewarts (Works, Bd. X, S. 48) ist kein Gegenbeweis. Als sicher ist zu betrachten, dass Smith einmal (once, nach meiner Ansicht vielleicht schon 1766) die Absicht gehegt und gegen Stewart ausgesprochen hat, seinen Wealth of Nations Quesnay zu widmen. Die daran geknüpfte Bemerkung, Smith sei durch Quesnay's Tod daran verhindert worden, ist wohl als eine Vermutung Stewart's, nicht als eine Mitteilung Smith' s aufzufassen. Smith hätte sein Werk ja den Manen Quesnay's widmen können. Der Grund für die Unterlassung

24

dieser Widmung ist wohl darin zu suchen, dass der Wealth of Nations viel zu antiphysiokratisch, viel zu polemisch ausfiel, um Quesnay gewidmet werden zu können. Die bezüglichen Stellen stehen im IV. Buche im 9. Kapitel. Schon in der Theory (VI, 1) spricht Smith sich gegen wissenschaftliche Cliquen aus. Dugald Stewart bemerkt ferner selbst (Bd. X, S. 66), dass die 1752 erschienenen Political Discourses (Kautz, Geschichte der Nat.-Ök. 1860, S. 391, Note 1 führt fälschlich eine andere Schrift Hume 's an.) von D. Hume für Smith offenbar von größerem Nutzen waren, als irgendein früheres Werk. Schon in diesem Werke, welches auch 1755 in einer französischen Übersetzung des Abbe Le Blanc in Dresden erschien, werden die Handelseifersucht und die Handelsbilanzlehre des Merkantilsystems bekämpft. Ja, Turgot selbst unternahm nach Dugald Stewart eine Übersetzung der Hume'schen Abhandlung über die Handelseifersucht in's Französische. Quesnay's Hauptschriften erschienen dagegen erst 1758.

Kautz, Roscher, Bagehot, Haidane und andere haben eingehend nachgewiesen, dass Smith hauptsächlich auf den Schultern englischer Freihändler des 17. und 18. Jahrhunderts steht. (Vgl. Roscher, Zur Geschichte der englischen Volkswirtschaftslehre, 1851, 1852 u. die angeführten Arbeiten von Kautz, Bagehot u. Haidane. Vgl. auch Dugald Stewart Bd. X, S. 88—97.) Quesnay war aber 1700 erst 6 Jahr alt. Vom Poker und Select Club Edinburgh's und von den freihändlerischen Kaufleuten Glasgow's ist bereits oben die Rede gewesen. Schon Dugald Stewart, Roscher und K. v. Inama-Sternegg haben mit Recht vor der Überschätzung der physiokratischen Einflüsse auf A. Smith gewarnt. (Vgl. Dugald Stewart, Works, Bd. IX, S. 806 ff., X, S. 66 ff., 88—97, XI, S. 277, 278. Roscher, Geschichte der Nat.-Ök. S. 228, 229, 484. K. V. Inama-Sternegg, A. Smith, 1876, S. 15, 16) Beiläufig bemerkt, werden die Physiokraten, die sich ursprünglich schlechtweg als Economistes bezeichneten, bei den älteren englischen Schriftstellern, z. B. bei A. Smith und Dugald Stewart, nicht Physiocrats genannt (wie die Engländer heute sagen), sondern Economists schlechtweg. Dugald Stewart hebt hervor, dass sich die Grundideen des Wealth of Nations schon in den Vorlesungen fanden, welche Smith 1752, oder 1753 in Glasgow hielt. Er beruft sich dabei nicht nur auf das Zeugnis ehemaliger Zuhörer, sondern auch auf ein Manuskript, welches Smith 1755 für eine Gesellschaft verfasste, deren Mitglied er war. Darunter kann meines Erachtens nur der Select Club gemeint sein. Das Manuskript, welches nach Zeyss verloren gegangen zu sein scheint, befand sich im Besitze Stewart's und wurde nicht veröffentlicht, weil es auf private Streitigkeiten (differences) Bezug nahm. Stewart teilt jedoch einige Sätze aus dem Manuskript wörtlich mit. Dieselben vertreten bereits eine freihändlerische, ja, in der Richtung zum laissez faire zu weit gehende Richtung. Wenn man damit verschiedene reformfreundliche Stellen des Wealth of Nations, z. B. die Forderung des Schulzwanges, vergleicht, so kann man eher sagen, Smith 's geistige Entwicklung habe sich 1755 bis 1776 mehr in anti-pliysiokratischer wie in pliysiokratenfreundlicher Richtung bewegt. Stewart hätte ferner darauf hinweisen können, dass Smith schon vor seiner Reise nach Frankreich, 1759, in seiner Theory of Moral Sentiments für den Freihandel, überhaupt für die wirtschaftliche Freiheit eintrat. (Die betreffenden Stellen sind unten angeführt.) Stewart betont mit Recht folgendes Zugeständnis Turgot's (Eloge de Gournay im III. Bande der Oeuvres Turgot's in der Ausgabe von 1808): „Les ouvrages qu'il (Gournay) lut avec plus de plaisir, et dont il goûta le plus la doctrine, farent les traites du fameux Josiah Child ... et les memoires du Grand Pensionnaire Jean de Witt." Die Schriften des Engländers Sir J. Child erschienen 1668 und 1690, die Memoires des Holländers J. de Witt 1709. Witt (Witt war übrigens auch ein tüchtiger Freihändler, wie z. B. die Note beweist, welche er 1670 an die französ. Regierung richtete. Vgl. A. Oncken, Die Maxime laissez faire, 1886, S. 25 ff.) hat aber nach dem Meyer'schen Konv.-Lex. Artikel „Witt" nur einige Kapitel des holländischen Originals geschrieben, welches 1671 erschien und größtenteils von Pieter de la Court herrührt, der schon von Laspeyres und Roscher mit Recht als ein bedeutender Vorläufer Smith 's bezeichnet worden ist. Bei dem Stewart'schen Citat ist noch zu berücksichtigen, dass Gournay und namentlich Turgot die hervorragendsten Physiokraten waren. Quesnay war viel unbedeutender, unwissenschaftlicher, als diese beiden Männer. Gournay übersetzte nach Ingram Schriften der englischen Nationalökonomen Culpeper und Child. Der erwähnte Abbe Morellet' (Memoires, Bd. I, S. 38) sagt, Gournay habe gute englische Autoren über Volkswirtschaft Petty, Davenant, Child und andere gelesen. Vincent war der Familienname, nicht der Vorname, Gournay 's, der sich erst später, nach dem Erwerbe der Herrschaft Gournay, Vincent de Gournay schrieb.

Gute Monographien über die Frage, wie viel Smith den Merkantilisten und Physiokraten verdankt, sind wünschens- und dankenswert. Man darf die Bedeutung und die Zuverlässigkeit solcher Untersuchungen indes nicht überschätzen. Goethe's schöne, mit den Worten: „Von wem auf Lebens- und Wissensbahnen" beginnende Parabel „Bildung" ist sehr beherzigenswert, und Roscher bemerkt in der Vorrede zur 1. Auflage des I. Bandes seines Systems, er sei sich bewusst gewesen, gewisse Tatsachen durchaus selbständig entdeckt zu haben, und er habe erst nachher bei irgend einem alten, fast vergessenen Schriftsteller ähnliche Beobachtungen gefunden. Ähnlich kann Smith eine bei älteren Autoren vorkommende Idee selbständig gefunden, oder von Glasgower, Edinburgher oder Londoner Kaufleuten, von Nichtschriftstellern, adoptiert haben.

Über die volkswirtschaftliche Richtung Smith's sind im Wesentlichen vier Theorien aufgestellt worden: man hat ihn als einen gut- oder schlechtgläubigen, arbeiterfeindlichen Manchestermann, als einen Vorläufer des Sozialismus und als einen wissenschaftlichen Forscher hingestellt. Die zweite Theorie ist ganz unbegründet, die Vertreter der drei übrigen Theorien können sich dagegen, mit größerem oder geringerem Rechte auf verschiedene Stellen der Schriften Smith's berufen.

Der Ausdruck Manchestermann (vgl. Walcker, R. Cobden's volkswirtscli. und politischen Ansichten, 1885.) war ursprünglich ein Spottname, er ist aber, gleich den Spottnamen Whigs und Tories, längst in den wissenschaftlichen und gewöhnlichen Sprachgebrauch übergegangen. Er bedeutet einen Nationalökonomen oder Politiker, der, wirklich oder angeblich, in der Richtung des laissez faire zu weit geht. Unter den Stellen, welche als gutgläubig manchesterliche Äußerungen Smith's bezeichnet werden können, sind etwa folgende hervorzuheben. Trotz der treffenden Kritik, welche er an der Handelsbilanzdoktrin und anderen Irrtümern des Merkantilsystems übt, treffen doch seine Gründe gegen die Einführung industrieller Schutzzölle den Kern der Streitfrage fast gar nicht. (vgl. Walcker, Schutzzölle, S. 5 ff., 143 ff., 135 ff.) Er übersieht (Wealth IV, 2) die Schwierigkeiten neuer Industriezweige, die wirtschaftlichen und rechtlichen Hindernisse, welche, namentlich in niedrig kultivierten Ländern, dem Aufblühen der Großindustrie entgegenstehen. In Deutschland suchten viele Zünfte durch Maxima der Lehrlingszahl und ähnliche Mittel die Großindustrie im Keime zu vernichten. In Frankreich verfolgten Zünftler und Arbeiter bis in's 18. und 19. Jahrhundert hinein Verbesserer der Technik und Maschinenerfinder. Selbst in England trieb noch im 18. Jahrhundert nach Brentano das Lehrlingsgesetz von 1562 die aufstrebende Großindustrie aus den alten Städten nach damals unbedeutenden Orten, für welche dies Gesetz nicht galt. Smith setzt ferner voraus, dass der Kapitalist und der Unternehmer eine Person ist. Das war und ist aber keineswegs immer der Fall, und die Zinsmaxima der Wuchergesetze erschwerten noch im 18. Jahrhundert so manchen tüchtigen Fabrikunternehmern die Aufnahme von Kapitalien.

Smith verkennt im angeführten Kapitel und anderen Stellen die Mehrdeutigkeit der Ausdrücke künstlich und natürlich. Es wäre gewiss töricht, in Schottland Zitronen in Treibhäusern zu ziehen; und Smith' s arbeiterfreundliche Klagen über die harten englischen Niederlassungs-, Armen- und Zunftgesetze seiner Zeit waren wohl berechtigt. Wenn ein Staatsmann dagegen nach Art Colbert's und anderer ausländische Industrielle und Arbeiter beruft, staatliche Versuchsanstalten anlegt, die Gründung solider Aktiengesellschaften begünstigt u. s. w., so kann man verständiger Weise nicht von einer naturwidrigen Staatseinmischung, von Ungerechtigkeit, Unterdrückung der wirtschaftlichen Freiheit und von Inhumanität sprechen. Smith selbst billigt (IV, 5) Ausstellungspreise für Künstler und Industrielle.

Über die Frage, ob der Egoismus von selbst das Gemeinwohl befördert, (vgl. auch Zeyss, A. Smith und der Eigennutz, 1889) spricht Smith sich an verschiedenen Stellen verschieden, nicht ganz konsequent, aus. In der Theory (IV, 1) bejaht er diese Frage mit einer Schroffheit, wie kaum irgendwo im Wealth of Nations. In demselben Sinne, wenngleich ohne Bezugnahme auf Smith, haben englische Nationalökonomen des 19. Jahrh. vom „selfacting principle" auf dem Gebiete des Notenbankwesens gesprochen. Im Wealth (IV, 7, 3) wird ausgeführt, dass die natürlichen Interessen und Neigungen der Menschen in gewöhnlichen Fällen und in einem außerordentlichen Falle (es handelt sich um Kapitalanlagen im Handel) mit dem öffentlichen Interesse zusammenfallen. An einer anderen Stelle (IV, 2) heißt es, dass eine unsichtbare Hand (soll offenbar heissen: die Hand der Vorsehung) in manchen Fällen den Eigennutz des Individuums zur Förderung des Gemeinwohls lenkt. „By pursuing his own interest he frequently promotes that of society more effectually than when he really intends to promote it." Das bedeutsame Wort frequently, welches in der Stirner'schen deutschen Übersetzung weggelassen ist, darf nicht übersehen, oder unterschätzt werden. Smith verkennt keineswegs, dass das Individuum sein Interesse häufig falsch auffasst. Er spricht z. B. (II, 2) von Banken, welche zu viel Noten ausgeben, verlangt einen staatlich festgesetzten Minimalbetrag einer Note, und plädiert für eine geordnete, an die Kant-Sieyes'sche Maxime der Koexistenz (vgl. Bluntschli, Geschichte der Politik S. 334 der 1. Aufl.) erinnernde Freiheit. Smith's Behauptung (II, 2 ; II 3), dass nur die Minderzahl der Menschen aus Verschwendern besteht, kann man zugeben, besonders für gewisse Länder und Zeiten. Es dürfte dagegen, selbst für gewöhnliche Zeiten, zu optimistisch sein, wenn er (II, 3) annimmt, erst auf 1000 Geschäftsmänner komme 1 Bankrotteur. Charakteristisch sind ferner die Stellen über den natürlichen Übermut, insolence, des Menschen (V, 1, 3, 3), über den schwindelhaften Ehrgeiz (IV, 7, 3) und über den menschlichen Stolz, der die Sklavenarbeit, trotz ihrer Unwirtschaftlichkeit, der freien Arbeit vorzieht (III, 2). Smith bekämpft den Rechtssatz Erbgang (und Kauf) brechen Pacht von Landgütern und bemerkt dabei (III, 2) „Habsucht und Ungerechtigkeit sind immer kurzsichtig." Von den Grundeigentümern heißt es ferner (I, 11, 3), dass sie aus Indolenz häufig das öffentliche Interesse und ihr eigenes Interesse nicht verstehen.

Smith unterscheidet, gleich Aristoteles (Politik II, 2, § 6) und dem Christentum die erlaubte Selbstliebe und die unsittliche Selbstsucht, die er (III, 4) als ein Krämerprinzip bezeichnet. Er unterscheidet (Theory II, 2, 2) eine redliche und unredliche Konkurrenz und weist bei der Besprechung des Arbeitslohnes auf die

Forderungen der Humanität hin (Wealth, I, 8). Er konstatiert, dass das Ehrgefühl der Grundbesitzer die Yeomanry (mitunter) vor Vertreibung schützt (111,2).

In der Theory (VI, 3) wird darauf hingewiesen, dass wirtschaftliche und politische (civil) und religiöse Quacksalber und Betrüger oft durch freches Selbstvertrauen wunderbare Erfolge erzielen, und dass selbst nüchterne Denker verdienstvolle, vornehme und mächtige Männer überschätzen. An einer anderen Stelle derselben Sektion heißt es, dass verdienstvolle Männer sich manchmal unterschätzen, manchmal aber auch überschätzen. Fein ist die Bemerkung über die selbst bei den Weisesten vorkommende Leichtgläubigkeit in Bezug auf Erzählungen. Damit sind wohl Histörchen gemeint, welche dem Fache des Betreffenden fernliegen und kein praktisches Interesse für ihn haben.

Andeutungen über das Naturrecht finden sich in der Theory (VI. 2, Introduction; VII, 4 am Schluss). Dasjenige was in demselben Werke (VII, 4) über das positive Recht gesagt ist, klingt keineswegs manchesterlich. Smith führt aus, das positive und das natürliche Recht fielen nicht in allen Ländern zusammen, weil ein solches Zusammenfallen durch die s. g. Staatsverfassung, d. h. durch das Interesse der Regierung, oder durch Sonderinteressen von Klassen verhindert werde, welche die Regierung tyrannisierten. In anderen Ländern seien die Gesetze und Sitten wegen der Barbarei des Volkes unzivilisiert. In manchen Ländern sei nur die Gerichtsverfassung schlecht. Smith deutet übrigens selbst an, dass das positive und das natürliche Recht untereinander gleich, aber nach Zeitaltern und Völkern verschieden sein sollen.

Smith spricht häufig von Klassenkämpfen, z. B. in der Theory (VI, 2, 2), wo er ausführt, dass Klassenegoismen wohltätige, aber auch schädliche Neuerungen verhindern, zur Festigkeit und Stetigkeit des Regierungssystems beitragen. In der Theory (VI, 2, 2) ist von neuerungssüchtigen Parteiführern die Rede, welche ursprünglich, trotz schönen Phrasen, nur an ihre eigene Erhöhung dachten, aber später selbst an ihre Sophismen glauben und leichtgläubige, fanatische Anhänger haben. Es ist nicht leicht zu sagen, an wen Smith dabei gedacht hat. Die Whigs des Jahres 1759 waren keineswegs neuerungssüchtige Demagogen, und eine nennenswerte radikale Partei gab es damals in England nicht.

Die Tugend führt nach der Theory (III, 5) zu Ehre und Reichtum. Andere Stellen desselben Werkes stehen damit nur scheinbar im Widerspruch. Dahin gehören die Stellen I, 2, 3 über Korruption, Laster, Straflosigkeit mächtiger Politiker, Betrug, Mord, III, 2 über Zurücksetzungen verdienstvoller englischer und französischer Offiziere gegen Höflinge, VI, 1 über die Straflosigkeit großer Diebe, z. B.

im 16. Jahrh. in Italien. Es handelt sich eben um verschiedene Länder, Zeiten und Individuen. Smith vergleicht (Wealth I, 10, 1) die Berufswahl in geistreicher Weise mit einer Lotterie. Trotzdem würdigt er im Allgemeinen den Einfluss unverdienter Glücks- und Unglücksfälle auf das Steigen und Sinken der Individuen, ja, ganzer Klassen zu wenig.

Smith's Lehre von produktiven und unproduktiven Arbeiten (II, 3) wird häufig missverstanden, wie schon J. S. Mill (Pol.Econ. I, 3, 1) hervorgehoben hat. Smith lehrt nicht, wie F. List fälschlich behauptet, dass Schweinezüchter nützliche, Menschenerzieher unnütze Menschen sind. Smith sagt: „Their Service, how honourable, how useful, or how necessary soever — „ Er lehrt nur, dass gewisse Klassen direkt nichts Materielles produzieren und hätte logischer Weise auch die Handeltreibenden hierher rechnen müssen, was er nicht getan hat.

Trotz den manchesterlichen Anklängen die sich bei Smith finden, würdigt er an verschiedenen Stellen die hohen Aufgaben und die Verdienste großer Staatsmänner nach Gebühr. Er betrachtet die Frage nach der Zweckmäßigkeit einer zollpolitischen Retorsion als eine Frage niederer Staatsklugheit, wünscht (IV, 2) indes einen gesetzgebenden Körper, der sich by an extensive view of the general good, not by the clamorous importunity of partial interests leiten lässt. In der Polemik gegen Wollausfuhrverbote wird betont, dass der Souverän allen Klassen Gerechtigkeit und Billigkeit schuldig ist, nicht eine derselben auf Kosten einer anderen begünstigen darf (IV, 8). Eine Parallelstelle hierzu findet sich IV, 9. In der Theory (III, 2) werden tüchtige Staatsmänner und Gesetzgeber zu den „großen Beschützern, Lehrern und Wohltätern der Menschheit" gerechnet, obgleich an einer anderen Stelle (IV, 1) ausgeführt wird, dass die Menschenliebe (sympathy) nicht der einzige Beweggrund zu Reformen zu sein braucht. Ein Führer einer siegreichen Partei „kann die Verfassung herstellen und verbessern; er kann den sehr zweifelhaften und zweideutigen Charakter eines Parteiführers ablegen und den größten und edelsten aller Charakterer, den eines Reformators und Gesetzgebers eines großen Staates annehmen; er kann durch die Weisheit seiner Einrichtungen die innere Ruhe und das Glück seiner Mitbürger für so manche folgende Geschlechter sichern." Smith lobt den römischen Senat und stellt ihn mit einem Staatsrat (council) in Parallele (Wealth IV, 2).

Er bekämpft den Absolutismus und weist auf die Barbaren hin, bei denen Jeder Krieger und Staatsmann ist (V, 1, 3, 2). Er tadelt die hyperzentralistische Wegeverwaltung des französischen Absolutismus und lobt das englische Selfgovernment (V, 1, 3, 1, 1), billigt unbesoldete Ehrenämter und fordert sogar Prüfungen für dieselben (V, 1, 3, 3). Smith warnt davor, unbesonnen, voreilig über Re-

gierungen abzusprechen und empfiehlt (gleich Friedrich d. G.) den Volksunter-
richt als ein Präservativ dagegen (V, 1, 3, 2). Er verteidigt einen gewissen höfi-
schen Glanz (V, 1, 4), betrachtet die stehenden Heere (in gewissem Sinne) als
die Stützen der Throne und bezeichnet die Kriegskunst als die edelste der
Künste (V, 1, 1). In der Theory (VI, 3, 3) werden Kriegshelden gepriesen, und an
einer anderen Stelle (III, 6) ist von der Pflicht zur Eroberung einer Provinz die
Rede.

Es liegt nur ein scheinbarer, kein wirklicher Widerspruch vor, wenn andererseits der Kosmopolitismus der Stoiker gelobt wird, und wenn ein kurzsichtiger
Nationalegoismus nach Art des Merkantilsystems bekämpft wird (III, 3; VI, 2, 1).

Einige Stellen des Wealth of Nations können nicht einmal als freihändlerisch,
geschweige denn als manchesterlich bezeichnet werden. Dahin gehören gewisse Stellen über die Wuchergesetze (II, 4), die Wollausfuhrverbote (IV, 8),
Rückzölle (IV, 4), Handelsmonopole (V, 1, 3, 1, 2). Dasjenige, was Smith (IV, 2)
über Retorsionen sagt, lässt sich vom freihändlerischen Standpunkte aus eher
verteidigen, obgleich schon Rau treffende Opportunitätseinwände gegen Retorsionen zusammengestellt hat. Smith billigt im Wealth of Nations die Wuchergesetze seiner Zeit, d. h. allgemeine Zinsmaxima für alle Leihkapitalien.
Smith soll durch Bentham's Schrift Defence of Usury, 1787, von seiner Billigung
jener Wuchergesetze zurückgekommen sein. Die Richtigkeit dieser Angabe ist
aber mindestens zweifelhaft, denn Smith bemerkte 1789 im Vorwort zur 4. Auflage ausdrücklich, er habe keine Änderungen irgendwelcher Art vorgenommen.

Dasjenige, was Smith Buch V Kap. 1 Teil 1, 2 und 3, Buch IV Kap. 9 über die Aufgabe des Staates sagt, ist etwas zu eng, so zu sagen manchesterlich gehalten. Er
spricht nur von der Landesverteidigung, von der Justiz, Straßenbauten und
dergl. Man darf indes nicht übersehen, dass Smith selbst jene zu enge Formel
durch zahlreiche andere Stellen seiner Schriften, auch des Wealth of Nations,
berichtigt hat. Er will übrigens die Sorge für Verkehrswege nicht ganz dem
Staate überlassen, wie schon seine angeführte Äußerung über die französische
und englische Wegeverwaltung zeigt. Er rechnet ferner (V, 1, 3, 1) die Anlage
von Banken, Versicherungsgesellschaften, Kanälen und Wasserleitungen zu den
Aufgaben der Aktiengesellschaften (Joint stock companies).

Die falsche Behauptung extremer Reaktionäre, Smith sei ein schlechtgläubiger
Manchestermann, ein Arbeiterfeind gewesen, ist bereits 1853 von Knies in seiner politischen Ökonomie nach Gebühr zurückgewiesen worden. Auch
Brentano (Arbeitergilden, Bd. II 1872 S. 163) betont Smith's Arbeiterfreundlichkeit. Da Smith's Polemik hauptsächlich gegen das Merkantilsystem gerichtet

war und sein musste, so ist es natürlich, dass er an vielen Stellen monopolsüchtige Fabrikanten und Kaufleute bekämpft. Knies hat viele solche Äußerungen zusammengestellt. Aus dem Wealth sind folgende Stellen anzuführen: I, 8; I, 10, 2; I, 11, 3; IV, 1; IV, 2; IV, 7, 2; IV, 7, 3; IV, 8; V, 2, 1. Zur Erleichterung des Auffindens führe ich die Seitenzahlen der Asher'schen Übersetzung an: Band IS. 69, 122, 241, 242, 415, 450, Band II S. 94, 95, 115, 129, 153, 154, 161, 164, 340. Smith spricht (I, 11) von der liberality, d. h. der uneigennützigen, in Geldsachen nobelen Gesinnung mancher Grundeigentümer. Ja, er behauptet sogar (I, 11, 3 gegen den Schluss, Asher Bd. I S. 240 £) nur die Interessen der Grundeigentümer und der Arbeiter fielen mit dem Gemeinwohl zusammen, die Interessen der Kapitalisten (emplojers of stock) oder mit anderen Worten der mercliants und master manufacturers ständen mit dem Gemeinwohl im Widerspruch. Smith übersieht dabei die im Zinsfuße roher Zeiten enthaltenen Assekuranzprämien und den Umstand, dass fast jeder Konsument auch Verkäufer von Waren, oder Arbeitsleistungen ist. (vgl. Roscher, Nat.-Ök. Bd. I § 184, 185) An einer anderen Stelle (IV, 2) heißt es, dass Grundeigentümer (country gentlemen) und Pächter am wenigsten vom elenden Monopolgeist angesteckt seien.

Nach einer Stelle (II, 3) könnte es scheinen, dass Smith ein Gegner des landwirtschaftlichen Kleinbetriebes, des Bauernstandes, sei. Andere Stellen (III, 2 gegen den Schluss, III, 4 gegen den Schluss, Asher Bd. I S. 385, 405) zeigen jedoch, dass dieser Schluss trügt.

Für Smiths Arbeiterfreundlichkeit sind namentlich folgende Stellen charakteristisch: das Plädoyer gegen Koalitionsverbote (d. h. also für das Recht zu Arbeitseinstellungen und zur Gründung von Gewerkvereinen) und die Plädoyers für hohe Arbeitslöhne (I, 8; I, 9). Es wird ausgeführt, die Fabrikarbeiter seien fleißig und würden durch ein besseres Leben nicht zur Trägheit verführt werden (II, 3; I, 8). Vor einer gesundheitswidrigen Übertreibung des Stücklohn-Prinzips wird in entschiedener, vielleicht sogar zu weit gehender Weise gewarnt (I, 8, an zwei Stellen; I, 10, 1). In einer Polemik gegen die Zunftprivilegien wird die Arbeitskraft eines armen Mannes als Erbteil (patrimony) desselben bezeichnet. In demselben Kapitel werden berufsgenössische Hilfskassen für Arme, Kranke, Witwen und Waisen empfohlen (I, 10, 2). Dasjenige, was Smith (V, 1, 3, 3) über den günstigen Einfluss kleiner Sekten auf die Sittlichkeit ihrer Mitglieder bemerkt, kann, mit Veränderung des zu Verändernden, auf tüchtige Gewerkvereine, Hilfskassen, Genossenschaften, freie Innungen u. s. w. angewandt werden. Smith schildert (V, 1, 3, 2) in fast drastisch zu nennender Weise die Verkümmerung (corruption) und Entartung, zu welcher die übertriebene Arbeitsteilung die handarbeitenden Klassen führt. Er verlangt vom Staate, dass derselbe solche Übelstände durch Schulzwang und dergl. bekämpft, ja, er fordert sogar ein Minimum von Schulkenntnissen, nicht von Schulzeit (ähnlich wie G. V. Rümelin 1868 und R. v. Mohl in seiner Politik 1869). Die Arbeiter sollen fähig sein, über die Interessen des Vaterlandes zu urteilen und dasselbe zu verteidigen. Diese Ideen erinnern an die allgemeine Schul- und Wehrpflicht, die Fortbildungsschulen, das allgemeine Wahlrecht, die Fabrikgesetze und Fabrikinspektoren des 19. Jahrhunderts. Smith 's grundsätzliche Verwerfung einer direkten Lohnsteuer (V, 2, 2, 3) geht sogar zu weit, obgleich sie in England realisiert ist.

Die Anfangsworte des Wealth haben keine sozialistische Färbung, denn labour bedeutet hier nicht bloß Handarbeit, sondern auch Kopfarbeit. Smith spricht wiederholt von der natürlichen Aristokratie der Parteiführer (z. B. der nordamerikanischen), der persönlichen, physischen und geistigen Eigenschaften, des Alters, des Vermögens, des Geburtsstandes (IV, 7, 3; V, 1, 2; V, 3 gegen den Schluss). Das heißt, der Unterschied der Gesellschaft und des Staates war Smith bereits ziemlich klar. Er spricht ferner (Buch II, Einleitung, Kap. 1) vom Nationalkapital, general stock of the Society, of any country, or society.(vgl. . auch E. Leser, Der Begrilf des Reichtums bei A. Smith, 1874.) Dieser echt wissenschaftliche Hinweis ist keineswegs sozialistisch. An anderen Stellen (I, 6 ; I, 8 ; IV, 7, 2) finden sich dagegen in der Tat Anklänge an die sozialistische Lehre vom s. g. vollen Arbeitserträge. (vgl. gegen die bezüglichen Ausführungen Smith's Brentano, die Ursachen der sozialen Not, 1889, S. 9, 32 ff.) Trotzdem wäre es unexakt, Smith als einen Vorläufer des modernen Sozialismus zu bezeichnen. In der ganzen sozialistischen Literatur dürfte sich schwerlich ein Einfluss dieser Stellen nachweisen lassen, sie sind mehr naturrechtlich wie sozialistisch gehalten, und sie stehen überdies im Widerspruche
mit den antisozialistischen, freihändlerischen Grundanschauungen Smith's. Er bemerkt z. B. im Wealth (V, 1, 2) die Justiz müsse das durch die Arbeit von Jahren, oder Generationen erworbene beträchtliche Vermögen (valuable property) gegen die Raubgelüste seiner „Feinde" schützen. Ähnlich führt Smith in der Theory (I, 3, 2) aus, selbst die geringsten Arbeiter hätten ihr Auskommen und behielten noch etwas für entbehrliche Ausgaben übrig. Da sich die Lage der Arbeiter seit 1759 noch wesentlich verbessert hat, so können diese treffenden Bemerkungen Smith's noch heute als eine gute Widerlegung des Las Salle'schen „ehernen Lohngesetzes" benutzt werden.

Es bleibt also nur die vierte Theorie über A. Smith's Richtung übrig, die Theorie, welche ihn mit Recht als einen nach Wahrheit, Objektivität, nach Förderung des Volks- und Menschheitswohles trachtenden wissenschaftlichen Forscher bezeichnet. Einzelne scharfsinnige Äußerungen über Smith sind in der ganzen nationalökonomischen Literatur zerstreut, aber um die Gesamtwürdigung des

Smith'schen „Systems" haben sich namentlich folgende Schriftsteller (einige andere, mehr, oder weniger unwissenschaftlich gehaltene Schriften über Smith sind bei Walcker, Handbuch der Nat.-Ök. Bd. V, 1884, S. 52, 53 angeführt und besprochen.) Verdienste, zum Teil sehr große Verdienste, erworben:

Knies, die politische Ökonomie, 1853, 2. Aufl. 1883.

Vorländer, Geschichte der philosophischen Moral, Rechts- und Staatslehre der Engländer und Franzosen, 1855.

Laspeyres Art. „Smith" im Deutschen Staatswörterbuch Bd. IX, 1865, wo sich S. 468-480 eine Übersicht des Inhalts des Wealth of Nations findet. Eine ähnliche Übersicht gibt Kautz, Geschichte der Nationalökonomie, 1860, S. 419-448.

Roscher, Geschichte der Nationalökonomik 1874, S. 593 ff., 652, 658, 754 ff, 1060. Vgl. auch das Autorenregister im I. Bande des Roscher'schen Systems und Band IV § 120 Note 7.

J. V. Helferich, A. Smith (Zeitschrift für Staatswiss. 1878. Eine Münchener Rektoratsrede von 1877).

E. Nasse, das 100 jährige Jubiläum der Schrift von A. Smith u. s. w. (Preußische Jahrbücher Band 38 1876).

K. Th. V. Inama-Sternegg, A. Smith und die Bedeutung seines Wealth of Nations für die moderne Nationalökonomie, 1876. (Eine Innsbrucker Rektoratsrede).

A. Held, Zwei Bücher zur sozialen Geschichte Englands. Herausg. von G. F. Knapp 1881.

Die genannten Schriftsteller sind natürlich nicht in allen Punkten gleicher Ansicht, aber eine gewisse Gemeinsamkeit ihrer Grundanschauungen über A. Smith ist unverkennbar.

Der auch in wissenschaftlichen übliche und nicht unzulässige Ausdruck Smith'sches System ist mit einem Körnlein Salz zu verstehen. Smith selbst hatte gar nicht die Absicht ein in sich geschlossenes System zu schreiben, wie der Titel und noch mehr der Inhalt seines Wealth of Nations zeigen. Unter dem Smith'schen System versteht man übrigens auch den Inbegriff der Lehren, welche die wirklich, oder angeblich auf Smith'schem Boden stehenden Nationalökonomen bis zur Gegenwart aufgestellt haben. Dem Smith'schen Werke werden dabei nicht selten Irrtümer, manchmal sogar Wahrheiten, zugeschrieben, die ihm fremd sind.

Schon bald nach 1776 scheint in Deutschland die falsche Bezeichnung Industriesystem für das Smith'sche System aufgekommen zu sein; ja, sie spukt bisweilen noch heute, obgleich sie bereits von F. List mit Recht bekämpft wurde. Derselbe bemerkt, nicht ganz mit Unrecht, das Merkantilsystem sollte eigentlich Industriesystem und das Smith'sche System Handelssystem (d. h. Freihandelssystem) heißen. Zur Rechtfertigung des Ausdruckes Industriesystem führt man an, Smith bezeichne die Arbeit (industry) als die Quelle des Wertes. In der Einleitung des Wealth of Nations ist wohl vom Gewerbe (industry) der Künstler, der Manufakturisten, der Kaufleute und der Landwirte die Rede, aber als Quelle (fund) des Nationaleinkommens wird gleich im ersten Satze des Werkes die Arbeit (labour) bezeichnet. Aus sprachlichen und logischen Gründen darf man aber an dieser Stelle labour und industry, Arbeit und Gewerbe nicht vertauschen. Nach Analogie von Physiokratie, Naturherrschaft, hat ein deutscher Nationalökonom das Smith'sche System als Ponokratie, Arbeitsherrschaft, bezeichnet. Dieser Ausdruck passt aber mehr auf die Lehren Ricardo's und Macculloch's. Bei Smith tritt in der Tat eine gewisse Neigung zur Überschätzung des Produktionsfaktors Arbeit, Kopf- und Handarbeit, hervor; während die Merkantilisten den Faktor Kapital, besonders Geld, und die Physiokraten den Faktor Natur überschätzen. Im Allgemeinen würdigt Smith jedoch alle drei Produktionsfaktoren nach Gebühr. Manche neuere Nationalökonomen rechnen auch den Staat und die Gesellschaft zu den Faktoren der Produktion. Selbst die Vertreter dieser Anschauung können sich auf verschiedene Ausführungen Smith's berufen. Bei der verwickelten Natur der von Smith behandelten Gegenstände ist es schwierig, sein System in kurzer und doch exakter Weise zu bezeichnen. Will man durchaus einen Namen haben, so kann Smith's Lehre als System der geordneten (siehe oben) wirtschaftlichen Freiheit bezeichnet. Als Ideen, die bei Smith besonders hervortreten, sind die Ideen der wirtschaftlichen Freiheit, der freien Konkurrenz, des Freihandels, des Staats- und Weltbürgertums, des konstitutionellen Staates, des Naturrechtes, der Humanität, der religiösen Aufklärung und Toleranz zu nennen. Smith war kein ausgesprochener, oder gar exklusiver Parteimann, weder in sozialer, noch in politischer Beziehung. Es ist durchaus falsch, ihn als einen „Bourgeois"-Nationalökonomen hinzustellen. Die Landwirte und die Arbeiter kommen, wie erwähnt, bei Smith besser weg, wie die Bourgeoisie. Man kann nicht einmal behaupten, dass er für seine eigene Klasse, die Gelehrtenklasse, parteiisch sei. In politischer Beziehung finden sich bei Smith, wie oben gezeigt, konservative und liberale Gesichtspunkte, Ideen des

Konservatismus und des Kulturfortschritts, der Reform; ähnlich wie bei der historisch-ethischen Richtung der deutschen Nationalökonomie. Smith's intimer Freund Hume war, trotz seiner Freigeisterei, ein Hochtory, der sogar etwas zu den absolutistischen Tendenzen der Stuarts neigte, wie namentlich die späteren Auflagen seiner Geschichte Englands zeigen. (Burton, Ed. I S. 356, Bd. II S. 11, 73 ff., 179, 180, 238, 281, 433, 434, 443 u. oben)

Smith kann wohl als ein entschiedener, aber nicht als ein fest an die Zukunft des Freihandels glaubender und konsequenter Freihändler bezeichnet, wie schon die angeführte Stelle über Utopien beweist. Er stellt in demselben Kapitel (IV, 2) vier Ausnahmen von der Regel der Handelsfreiheit auf.

I. Er meint die Navigationsakte sei für die Landesverteidigung Englands notwendig und nützlich gewesen (?). Schutzzölle für Geschütze und dergl. wären schon deshalb sinnlos, weil ja der Staat der einzige inländische Käufer solcher Artikel ist.

II. Smith verlangt mit Recht, dass einer inländischen Accise ein Finanzzoll entsprechen soll. Diese Forderung ist keineswegs schutzzöllnerisch. Er bekämpft gleich darauf diejenigen Schutzzölle, welche man heutzutage „Ausgleichzölle" nennt.

III. Smith billigt in bedingter Weise Retorsionen. (vgl. oben)

IV. Er empfiehlt eine allmähliche und besonnene Auf-hebung der Schutzzölle. Diese Forderung ist einfach verständig und muss von den entschiedensten Freihändlern zugestanden werden; obgleich ziemlich rasche Veränderungen auf dem Gebiete des Zollwesens manchmal nicht zu vermeiden waren, z. B. beim Fortfall der inneren Zollschranken Deutschlands und 1870/71 bei dem Übergange Elsass-Lothringens aus dem französischen in den deutschen Zollverband. Smith' s grundsätzliches Eintreten für ungedeckte Banknoten (II, 2) steht dagegen in einem scharfen Gegensatze zum entschiedenen Freihandel, der folgerichtig vollgedeckte Banknoten, s. g. Münz- oder Depositenscheine, fordern muss, was sogar der Schutzzöllner Tellkampf tat. Cobden (vgl. Walcker, die Notenbankfrage, 1876, S. 47) war z. B. in dieser Beziehung viel konsequenter, als Smith. Es kommt vor, dass Theologen und Philosophen verschiedener Richtungen über die Lehrsätze A und B, C und D streiten, aber, mit Recht, darüber einig sind, dass A und B, C und D miteinander stehen und fallen. Ähnlich verhält es sich mit manchen national-ökonomischen Streitfragen. Das entschiedene Freihandelssystem und das Münzscheinsystem können logischer Weise nur zusammen vertreten, oder bekämpft werden.

Smith wird häufig, aber mit Unrecht, als ein spezifischer Vertreter der Deduktion hingestellt. In Wirklichkeit bedient er sich verschiedener Methoden, (vgl. Dugald Stewart, Works, Bd. II S. 331, 349, 351, Bd. VII S. 102, 103, 107, Bd. IX S. 48, Bd. X S. 169, 173. ') der historischen und statistischen Induktion, der Deduktion und der Analogie. Roscher rechnete schon 1843 in seinem Grundriss zu Vorlesungen über Staatswirtschaft Smith zu den Vorläufern der historischen Methode der Nationalökonomie. Smith betont an vielen Stellen das s. g. Relativitätsprinzip der historischen Schule des Rechtes und der Nationalökonomie. Er führt aus, dass für verschiedene Völker und Zeiten verschiedene Einrichtungen und Maßregeln passen. In dieser Beziehung sind namentlich folgende Erörterungen hervorzuheben: über Ackerbausysteme (I, 11), unzeitgemäß gewordene Gesetze (III, 2), die Selbstverwaltung der griechischen Kolonien (IV, 7, 2), die Zinsgesetze Heinrich's VIII. (I, 9), die Ausgaben für das Militärwesen, die Justiz, den Handel und das Staatsoberhaupt auf verschiedenen Kulturstufen (V, 1). Damit soll übrigens nicht gesagt sein, dass Smith die historische Methode immer richtig anwendet. Die wichtigsten Gründe für und wider das Fideikommissinstitut werden z. B. (III, 2) kaum gestreift.

Schon Roscher hat darauf hingewiesen, dass sich bei Smith Keime der Malthus 'sehen Bevölkerungspolitik und Ricardo'schen Grundrentenlehre finden. Bereits „einige Jahre" vor 1773 wurde von der Londoner Akademie eine Preisschrift gekrönt, in welcher ausgeführt wurde, eine zahlreiche Bevölkerung könne, je nach den Umständen, einem Staate schädlich, einem anderen vorteilhaft, ja nötig sein. (Ich entnehme diese Notiz der sonst unbedeutenden Schrift: Antwort auf die Frage C. F. Menschenfreund's u. s. w. Freiburg im Breisgau, 1773) Dasjenige, was Smith am Anfange des 8. Kap. des I. Buches bemerkt, steht in einem schroffen Gegensatze zum wahren Kern der Ricardo-Thünen'schen Lehren. Er verkennt auch (IV, 2), dass die zollfreie Einfuhr landwirtschaftlicher Produkte schon damals (vor dem Zeitalter der Eisenbahnen und Dampfschiffe) Veränderungen der englischen Landwirtschaft veranlasst haben würde. Trotzdem finden sich bei Smith Anklänge an J. H. V. Thünen's Lehre von den Ackerbausystemen (I, 11, 1) und Thünen's (vgl. Walcker in der Berliner „Vierteljahrsschrift für Volkswirtschaft" 1888, 1889 u. über Hume's Ansichten Burton, Bd. I S. 362, Bd. II S. 484) Plädoyer für eine möglichst gleichmäßige Verteilung der Industrie über das gesamte Staatsgebiet (I, 10, 1; III, 1, 3 und 4). Das Schlagwort „Landwirtschaft und Industrie nebeneinander" wird gewöhnlich auf Carey zurückgeführt. Letzterer weist indes selbst auf Smith hin, und per Gedanke findet sich bereits bei Quesnay, König Friedrich Wilhelm I. (Vgl. Schmoller in den Schriften des Vereins für Sozialpolitik, Bd. XXXIII S. 91, 92.) Justi und Sonnenfels. Die von H. Spencer und anderen konstatierte Interessengegensätze der verschiedenen

Handarbeiterklassen (vgl. Walcker, die Strikes u. s. w. 1886) werden von Smith nur ein Mal an der Stelle I, 10, 2 über Wollkämmer, Spinner und Weber flüchtig berührt, nicht entfernt nach Gebühr, gewürdigt.

Die berühmtesten und verdienstvollsten Forscher aller Fächer und Zeiten lassen sich in zwei Klassen teilen, die übrigens nicht scharf geschieden, durch Mittelglieder verbanden sind. Zur ersten Klasse gehören Denker mit mehr allgemeinen, zur zweiten Klasse Denker mit mehr speziellen Verdiensten um die Wissenschaft und das Leben. Man denke z. B. an Aristoteles, Kopernikus, Galilei, A. v. Humboldt, Liebig, Montesquieu, Achenwall, Süssmilch, Savigny, Quetelet, wohl auch Lavoisier einerseits, an Berthold Schwarz, Watt, Stephenson, Malthus, Ricardo, wohl auch J. H. v. Thünen andererseits, der übrigens eine Mittelstellung einnimmt, die Grundlinien eines ganzen Systems der theoretischen und praktischen Nationalökonomie, wenn auch nicht der Finanzwissenschaft, geliefert. Adam Smith gehört, trotz seinen Verdiensten um spezielle Fragen, entschieden zu der ersten Klasse von Denkern, zu den grundlegenden Forschern, so sehr seine Ideen auch wichtiger Berichtigungen und Fortbildungen bedürfen; denn die Wissenschaft ist nie vollendet.